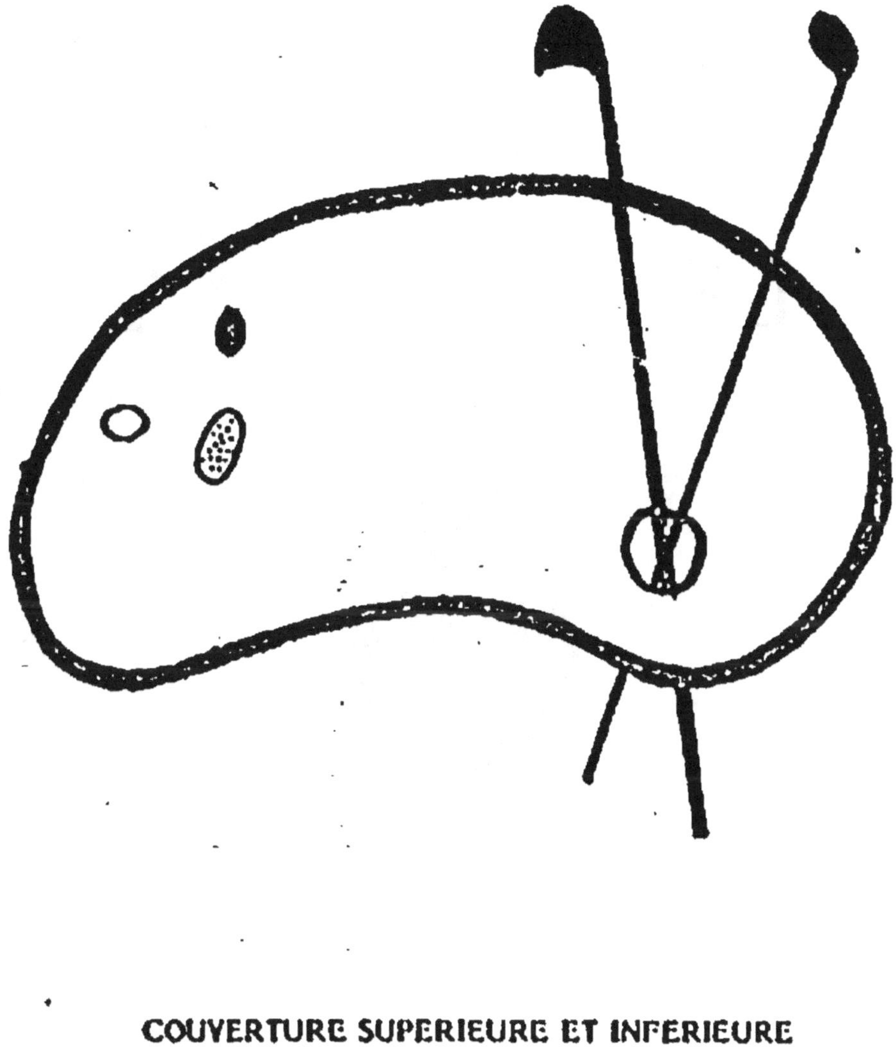

**COUVERTURE SUPERIEURE ET INFERIEURE
EN COULEUR**

A. FROUT DE FONTPERTUIS

LES FRANÇAIS EN AMÉRIQUE

LE CANADA

PARIS

JOSEPH ALBANEL, LIBRAIRE

15, RUE DE TOURNON, 15

MDCCCLXVII

MÊME LIBRAIRIE

ÉLÉONORE D'AUTRICHE, REINE DE POLOGNE, par Mme la comtesse DE CHARPIN-FEUGEROLLES, née DE SAINT-PRIEST. 1 vol. gr. in-18 jésus................................ » 80

HISTOIRE DE SAINTE RADEGONDE, par M. le vicomte DE BUSSIÈRE, 2e édition. 1 vol. gr. in-18 jésus........... 1 »

MADAGASCAR ET LE ROI RADAMA II, par le R. P. Henri DE REGNON, procureur des Missions de Madagascar et du Maduré. 1 vol. gr. in-18 jésus............................. 1 25

MADEMOISELLE DE FOIX ET SA CORRESPONDANCE, par M. DE PONTCHEVRON. Récit de l'existence d'une femme de haut rang du XVIIe siècle, devenue une sainte au milieu du monde dont elle fut l'édification. Sa correspondance est très-remarquable. 1 vol. gr. in-18 jésus.......... 1 »

SŒUR MARIE D'AGREDA ET PHILIPPE IV, roi d'Espagne, traduction d'un manuscrit espagnol de la Bibliothèque impériale, par Germond DE LAVIGNE. Remarquable pour les conseils éclairés que donne la modeste et sage religieuse. 1 v. gr. in-18 jésus................................ » 90

SOUVENIRS RELIGIEUX ET MILITAIRES DE LA CRIMÉE, par le R. P. DE DAMAS, de la Compagnie de Jésus, aumônier supérieur de l'*Armée d'Orient*. *Deuxième édition*. 1 vol. gr. in-18 jésus................................ 1 »

LA CHANSON DE ROLAND, par M. le baron D'AVRIL. Ouvrage très-remarquable et très-savant. 1 vol. grand in-18 jésus................................ 1 »

MEILLEURS (les) PROVERBES FRANÇAIS ET ÉTRANGERS. 1 vol. gr. in-18 jésus................................ » 80

Imprimerie L. Toinon et Ce, Saint-Germain.

LES FRANÇAIS EN AMÉRIQUE

LE CANADA

IMPRIMERIE L. TOINON ET C⁰, A SAINT-GERMAIN.

LES FRANÇAIS EN AMÉRIQUE

LE CANADA

PAR

A. FROUT DE FONTPERTUIS

PARIS

JOSEPH ALBANEL, LIBRAIRE
15, RUE DE TOURNON, 15

1867

Droits de reproduction et de traduction réservés.

AVANT-PROPOS

Je ne sais si la France, comme l'a dit un jour un homme d'État célèbre, est assez riche pour payer sa gloire. Au moins ne devrait-elle ni l'oublier, ni la dédaigner. Les nations se doivent à elles-mêmes de conserver et de se transmettre de génération en génération les noms de ceux qui ont servi sa gloire et sa grandeur.

En lisant l'*Histoire des États-Unis* de M. Bancroft, un grand et beau livre, malgré certains préjugés et certaines erreurs imputables à l'esprit de race et de secte, je me demande si la France a bien rempli ce devoir vis à-vis de ses serviteurs dans l'Amérique. Ne croirait-on pas du moins que notre siècle, qui se pique de justice, a vengé ces noms glorieux d'un oubli injuste? Eh bien! à part quelques érudits, quelques fureteurs de vieilles annales, quelques esprits équitables, qui se souvient à cette heure de la découverte du Canada, de l'exploration du Mississipi, de l'évangélisation des Indiens, des combats sous les murs de Québec et sur les rives du Saint-Laurent?

Pour nous venir d'une main étrangère, la réparation n'en est pas moins aujourd'hui complète et très-sympathique. M. Bancroft est familier avec les mœurs et la littérature de la France. Il est doué à un haut degré d'une des qualités essentielles à l'historien, la faculté de sentir. Il faut que l'historien ait une âme, et que cette âme soit susceptible de frémissements. M. Bancroft est donc fait pour comprendre le double mobile qui a poussé nos missionnaires et nos soldats sur la terre américaine, la conquête des âmes et la gloire du drapeau. « Ce ne fut, dit-il, » ni une entreprise commerciale, ni une ambi-

» tion royale qui porta la France au centre du
» continent américain. C'est l'enthousiasme
» religieux qui a fondé Montréal, conquis les
» déserts et les grands lacs, exploré le Mississipi.
» C'est à l'Église romaine que le Canada doit
» ses autels, ses hôpitaux, ses séminaires. »
M. Bancroft a raison. Oui, au Canada, dans
la Nouvelle-France, pour nous servir du nom
de 1750, ce sont les missionnaires qui fraient
souvent la voie aux pionniers et aux soldats,
d'habitude leurs devanciers. J'avais peur, je
l'avoue, qu'en dépit de son impartialité ordinaire, de son penchant pour la France, M. Bancroft, qui est protestant, ne sût pas rendre je
ne dirai justice, mais une justice pleine et entière à la Compagnie de Jésus. Les premières
lignes du chapitre qu'il consacre à l'exploration
de la vallée du Mississipi, m'ont complétement
rassuré. Oublieux de tout ressentiment de secte,
M. Bancroft ne voit dans les fils de Loyola que
des apôtres et des martyrs. Il nous les montre,
dès leur établissement, « enflammés d'un hé-

» roïsme qui bravait tous les dangers et toutes
» les fatigues, s'élançant jusqu'aux extrémités
» du monde, plantant la croix aux Moluques,
» dans l'Inde, en Chine et au Japon; pénétrant
» en Abyssinie, en Ethiopie, chez les Cafres, sur
» les bords du Maragnon et dans les plaines du Pa-
» raguay. Le peu de jésuites, dit-il, qui arrivaient
» à la vieillesse, brûlaient encore de la ferveur
» du zèle apostolique. L'histoire de leurs tra-
» vaux est liée à l'histoire de toute ville célèbre
» dans les annales de la France américaine. On
» ne doubla pas un cap, on n'entra pas dans
» une rivière sans qu'un jésuite ne traçât la
» voie. »

C'est dans l'*Histoire*, qu'il faut lire le récit des dangers, des fatigues, des privations qui composaient la vie quotidienne d'un missionnaire sur les bords du lac Huron ou du Saint-Laurent. M. Bancroft a sur ce sujet quelques pages admirables de vérité et de coloris, des pages animées de cet enthousiasme, à la fois ému et grave et de ce sentiment de force et de tendresse qu'on

respire dans les peintures qu'ont laissées saint Jean Chrysostome et saint Basile, de la vie des solitaires de la Syrie, de la Cappadoce et du Pont. « Voyez, dit-il, les jésuites Brébeuf et Da-
» niel que devaient bientôt suivre Lallemand et
» plusieurs autres, se réunissant à un parti de
» Hurons qui retournaient de Québec à leur pays.
» Le voyage, par l'Ottawa et ses affluents, était
» de trois cents lieues, à travers un pays couvert
» de forêts effrayantes. Le long du jour, les mis-
» sionnaires devaient pagayer ou ramer; le soir
» pas d'autre nourriture qu'une maigre ration
» d'orge indien; pour couche, la terre et les ro-
» chers. Aux Rapides, il faut porter le canot sur
» ses épaules pendant des lieues, à travers les
» bois les plus fourrés, ou les régions les plus
» sauvages. » Les rivières, les lacs, les forêts, les peuplades sauvages n'arrêtent pas cependant ces courageux apôtres. Ils arrivent enfin, les pieds en sang, les vêtements déchirés, au cœur des solitudes huronnes, et c'est là au nord-ouest du lac Toronto, près des bords du lac Iroquois,

baie du lac Huron, que s'éleva parmi les Indiens la première et humble maison de Jésuites. « C'est
» là dans une petite chapelle en bois et placée
» sous le vocable de saint Joseph que les vêpres
» et les matines furent chantées pour la première
» fois, et le pain de vie consacré dans une messe
» solennelle, en présence de la masse des Hurons,
» et des gardiens héréditaires du feu, frappés à
» la fois d'étonnement et de respect. »

Le repos du missionnaire ressemble à son voyage. Il se lève à quatre heures du matin, vaque jusqu'à huit à ses prières et à ses observances. Le jour appartient aux écoles, aux visites, au catéchisme, aux offices et aux prédications. « Le missionnaire parfois, à l'imitation
» de saint François-Xavier, parcourt le village
» et ses environs, appelant aux sons d'une petite
» cloche les chefs et les premiers guerriers; là,
» sous l'ombre épaisse des forêts, les mystères
» les plus solennels de la foi catholique sont
» enseignés. » Mais le missionnaire pousse devant lui sa croix, comme le squatter sa charrue.

Raymbault et Jogues vont porter la *bonne nouvelle* chez les sauvages, riverains de la rivière Sainte-Marie et du lac Supérieur. Le premier essaie de joindre les Algonquins de Nipissing; mais la saison et le climat s'opposent à son projet, et l'année suivante il meurt de consomption. Jogues tombe dans un parti de Mohawks. Il aurait pu s'échapper, mais il était accompagné de néophytes; et quand donc, dit M. Bancroft, un missionnaire jésuite a-t-il cherché à sauver sa vie au risque de la perte d'une âme? Du Saint-Laurent au Mohawk, les Indiens accablent Jogues d'injures et de tourments. Le novice Réné Goupil avait tracé le signe de la croix sur le front d'un enfant. C'est un maléfice lancé au village, s'écrie la femme du Mohawk son maître, et un coup de tomahawk interrompt le rosaire commencé. Jogues s'attendait au même sort; mais il ne devait périr que quelques années plus tard. Chaque mission devient un point d'attaque pour les tribus des cinq nations. Chaque assaut est marqué par l'incendie des wigwams et un mas-

sacre général. Quant aux missionnaires s'ils ne tombent pas, comme le P. Daniel, en défendant une population avec laquelle ils ont voulu mourir, les supplices les plus raffinés que puisse inventer la cruauté des Indiens, les attendent. On coupe le nez et les lèvres du père Brébeuf; on lui brûle les gencives; on lui applique des torches enflammées sur le corps. On lui perce la peau avec des fers chauds. Le P. Lallemand est enveloppé des pieds à la tête de bois de résine. « Amené, dit M. Bancroft, en présence de
» Brébeuf, on fait de nous, s'écrie-t-il, un spec-
» tacle pour le monde, les anges et les hommes.
» Le feu est mis au bois de sapin; puis on jette
» de l'eau bouillante sur la tête des deux mis-
» sionnaires. Les flammes qui étouffaient la
» voix de Lallemand, ayant rompu ses liens, il
» lève les mains au ciel et implore l'aide de ce-
» lui qui est le soutien du faible. Mais à quoi
» bon tant de paroles ? Brébeuf fut scalpé encore
» vivant, et expira après trois heures de tortures.
» Les souffrances de Lallemand durèrent dix-

» sept heures. La vie de chacun d'eux n'avait
» été qu'un long acte d'héroïsme, leur mort
» étonna leurs bourreaux. »

Héroïsme malheureusement inutile, comme celui de nos marins et de nos soldats. A un certain moment, vers la fin du règne de Louis XIV, la France possédait nominalement ou réellement les trois quarts de ces vastes régions qui s'étendent des contrées polaires jusqu'à l'isthme de Panama. Que reste-t-il de cet empire colonial dont Cartier et Champlain, Colbert et le grand roi avaient jeté les fondements? Que reste-t-il des Hurons, des Mohawks, des Mohicans, des Iroquois? de toutes ces peuplades amies ou ennemies de la France? Leurs faibles restes s'enfoncent de plus en plus dans les déserts de l'extrême ouest, *Far West*, et dans les plaines de la Californie, où les poursuit l'Anglo-Américain, colonisateur par l'extermination. Le drapeau étoilé, ou le drapeau de Saint-Georges flotte sur ces murs, sur ces rivières, sur ces lacs aux noms d'origine si franchement catholique et française :

Québec, Saint-Louis, Saint-Laurent, Saint-Augustin, Nouvelle-Orléans, Détroit, Montréal et tant d'autres! des noms et des souvenirs, voilà les seules traces de notre ancienne domination.

Ces souvenirs sont déposés principalement dans l'*Histoire de la Nouvelle-France* du P. Charlevoix, qui pouvait dire des faits qu'il raconte : *et quorum pars magna fui,* et dans l'ouvrage récent de M. Bancroft. Mais on ne lit guère l'intéressante et naïve relation de Charlevoix; elle ne se trouve même que difficilement dans le commerce. Malgré le peu d'attention que notre superbe nationale accorde d'ordinaire aux œuvres étrangères, l'*Histoire des États-Unis* sera certainement traduite un jour, en français, si elle ne l'est déjà. Mais c'est un ouvrage considérable; il ne formera pas moins d'une douzaine de gros volumes, lors de son achèvement, circonstance qui le rendra inaccessible à bien des gens. C'est d'ailleurs, l'histoire des colonies anglaises, berceau de l'Union actuelle, dans tous ses développements. L'histoire des établissements français se trouve naturellement mêlée, mais par fragments et comme perdue dans le vaste plan de l'œuvre américaine. J'ai pensé qu'il y aurait utilité à réunir ces fragments épars, et tout en évitant un simple travail de traduction, j'ai pris dans M. Bancroft les éléments mêmes de mon récit. Puissé-je ne pas avoir trop affaibli l'autorité du témoignage éclatant qu'il porte de l'héroïsme religieux et militaire des colons de la Nouvelle-France! Puisse ce petit livre faire revivre le souvenir des enfants de la France qui, pour la patrie et la foi catholique, ont versé leur sang au Canada, sur les bords du Saint-Laurent et dans la vallée du Mississipi[1]!

1. J'ai eu également recours à l'*Histoire* de Charlevoix, aux lettres des missionnaires, et à quelques autres écrits du même genre.

LES FRANÇAIS EN AMÉRIQUE

LE CANADA

CHAPITRE PREMIER

PREMIERS ÉTABLISSEMENTS DES FRANÇAIS

Sommaire. — Découverte de l'Amérique. — Les Cabot. — Pêcheries de Terre-Neuve. — Verazzani. — Découverte de la Caroline du Nord. — Les naturels et les Européens. — Jacques Cartier; le Canada et le Saint-Laurent. — Roberval : premiers colons. — La Floride : Villegagnon; Ribault; Dominique de Gourgues. — Marchands français. — De Monts. — Colonie des bords de Saint-Laurent. — Champlain.

Un poëte ancien, dans un moment d'inspiration divinatoire, a prédit la découverte de nouveaux continents : « Il viendra un jour, s'écrie Sénèque, où l'Océan livrera d'autres conquêtes à l'audace de l'homme; où la dernière des terres ne sera plus Thulé! »

> Venient annis
> Sæcula seris, quibus oceanus
> Vincula rerum laxet, et ingens
> Pateat tellus, typhisque novos
> Detegat orbes, nec sit terris
> Ultima Thule.
> (MÉDÉE.)

Aristote et Platon avaient mentionné une grande île, débris perdu d'un continent submergé, que l'un nommait Antille et l'autre Atlantide. Surexcitée par les récits des voyageurs portugais et comme agitée par le pressentiment des découvertes plus importantes qui s'approchaient, l'imagination populaire, dans les dernières années du xv⁰ siècle, se berçait à ce sujet des fables les plus étranges. Un habitant de Madère, Antonio Léone, prétendait avoir vu trois îles à une centaine de lieues; les insulaires des Canaries voyaient à leur horizon une terre fantastique, qui tantôt se montrait, tantôt se dérobait à leurs regards. C'était, pour les uns, l'Antille d'Aristote; pour d'autres, l'île des Sept-Cités, ainsi nommée des sept évêques que Dieu y avait miraculeusement conduits lors de la conquête de l'Espagne par les Maures, ou encore l'île non moins légendaire de St-Brandan, prêtre hibernais. Ces souvenirs, ces croyances, ces rêves, n'ont pu peser sur l'entreprise de Christophe Colomb. En dépit des efforts d'une érudition mesquine et chagrine, rouille de l'histoire, qu'elle obscurcit et qu'elle fausse, toujours à l'affût des petits faits propres à discréditer les grands noms et les grandes choses, c'est à l'héroïque Génois qu'appartient la découverte du Nouveau-Monde. Qui la lui disputerait? Serait-ce ce prétendu pilote, mort dans sa maison, lui léguant le récit de ses propres découvertes? seraient-ce ces navigateurs islandais ou scandinaves, qui ont bien pu apercevoir à travers les brumes polaires les côtes de l'Amérique et, chassés par la tempête, y avoir passagèrement touché? Mais tout le Vinland ne paraît guère moins légendaire ni moins mystérieux que les îles de Saint-Brandan et des Sept-Cités[1].

[1]. L'amour-propre national d'un historien irlandais a bien réclamé pour ses ancêtres la gloire et la découverte de l'hémisphère occidental. On a dit que les Islandais passèrent de leur île au Groënland, et que des vents contraires les poussèrent du Groënland au Labrador; qu'ils répétèrent souvent le voyage, explorant à fond les côtes de l'Amérique et fondant des colonies sur les rives de la Nouvelle-Écosse ou à Terre-Neuve. On a même insinué que les premiers aventuriers avaient mouillé dans le port de Boston, ou dans les baies du Nouveau-Jersey, et, à en croire des antiquaires danois, les Normands seraient entrés dans les eaux de Rhode-Island, témoin une inscription sur les rochers de la rivière Taunton, qui donne le nom de *Vinland* aux côtes sud-ouest de la Nouvelle-Angleterre; ils auraient enfin exploré les anses de notre pays jusqu'à la Caroline. Mais l'histoire de la colonisation de l'Amérique par les Normands ne repose que sur des légendes de forme mythologique et d'une signification obscure, bien antérieures aux faits en question. Les détails géographiques sont d'un vague qui n'autorise pas même une conjecture. N'importe dans quelle hypothèse moderne, les récits d'eau douce et de sol fertile sont fictifs ou exagérés. La description des naturels ne s'applique qu'aux Esquimaux, habitants des régions hyperboréennes. La remarque au sujet de la plus faible durée des mois d'hiver a reçu des interprétations qui s'adaptent à toutes les latitudes, depuis New-York jusqu'au cap Fare-Well, et l'on a cherché le Vinland sur toutes les directions, depuis le Groënland et le Saint-Laurent jusqu'à l'Afrique. La nation à qui appartenaient les intrépides marins qui étendirent leurs excursions au delà de l'Islande, comme de la Sicile, aurait pu aisément pousser jusqu'au Groënland et jusqu'au Labrador. Mais aucune preuve historique n'établit à ce sujet de probabilité matérielle.

(Bancroft, *Histoire des États-Unis*, édition Routledge, vol. I, p. 7.)

Ce fut le vendredi 12 octobre 1492, jour mémorable dans les fastes du monde, qu'après un voyage de soixante-huit jours, plein d'émouvantes péripéties, Christophe Colomb aborda à l'île de San-Salvador. Cinq ans après, Jean Cabot, marchand de Bristol, Vénitien d'origine, et son illustre fils Sébastien, découvraient le continent même de l'Amérique. Colomb ne devait le voir que quatorze mois plus tard, lors de son troisième voyage, et Amerigo Vespucci, son parrain par une injustice du sort, qu'en 1499 seulement. La France, à son tour, prenait pied, en 1504, sur cette terre où elle allait, pendant un siècle et demi, jouer un rôle si éclatant, et laisser dans sa défaite même d'impérissables souvenirs. Nos hardis marins de Flandre et de Bretagne commencèrent, dès cette année, à pêcher sur le banc de Terre-Neuve où un capitaine anglais rencontrait, en 1527, un navire breton et onze navires normands. L'île du cap Breton prenait son nom des souvenirs de l'Armorique. En 1506, un habitant de Honfleur, Denys, dressait une carte du golfe Saint-Laurent. En 1508, on amenait en France des sauvages de la côte nord-ouest américaine. En 1518, de Léry et Saint-Just proposaient des plans de colonisation de l'Amérique du Nord.

Ces plans éveillèrent peut-être l'attention du gouvernement français, qui jusqu'alors avait paru assez indifférent aux découvertes des Colomb et des Cabot, et

peu soucieux de disputer l'Amérique aux Espagnols et aux Anglais. Toujours est-il que François Ier résolut à son tour un voyage d'exploration dont il confia la direction à l'Italien Verazzani. Monté sur la caravelle *le Dauphin*, et suivant la voie de Madère, le navigateur, après cinquante jours d'une traversée tempétueuse, jeta l'ancre sur des côtes inconnues : c'étaient celles de la Caroline du Nord. « Mutuel fut l'étonnement des
» étrangers et des doux et faibles naturels. La couleur
» rougeâtre des Indiens rappelait le teint des Sarra-
» sins. Leurs vêtements de peaux étaient ornés de
» plumes. Ils accueillirent avec hospitalité ces étran-
» gers qu'ils n'avaient pas encore appris à craindre.
» A mesure que *le Dauphin* faisait route vers le nord,
» la contrée devenait plus engageante. L'imagination
» ne pouvait concevoir des forêts et des champs plus
» délicieux. Les bosquets répandaient leurs parfums
» au loin du rivage et semblaient promettre les épices
» de l'Orient. La manie des temps sévissait dans l'é-
» quipage : à ses yeux, la couleur de la terre accusait
» l'abondance de l'or. Les sauvages furent plus hu-
» mains que leurs hôtes. Un jeune matelot qui se
» noyait fut sauvé par les naturels; les explorateurs
» volèrent un enfant à sa mère et essayèrent de dé-
» baucher une jeune femme[1]. »

1. *Histoire des États-Unis*, vol. I, p. 14.

Dans des circonstances semblables, le Portugais Cortereal avait tenu une conduite plus odieuse encore. Il avait enlevé cinquante Indiens pour les vendre comme esclaves : attentats du fort contre le faible, que l'histoire rencontre malheureusement à chaque pas, mais qu'elle sait toujours flétrir !

Les havres de New-York et de New-Port attirèrent surtout l'attention de Verazzani. Les naturels de New-Port lui parurent, selon sa propre expression, « les meilleures gens » qu'il eût encore rencontrés dans tout son voyage. Ils étaient d'une grande ignorance et ne manifestèrent aucune convoitise, même à la vue d'instruments de cuivre et d'acier. Ce n'était pas le cas des habitants de la Nouvelle-Écosse que, remontant toujours au nord jusqu'à la latitude de 50°, Verazzani visita avant son retour en Europe. Ils se montrèrent désireux de commercer; mais ils voulaient des couteaux et des instruments d'acier en échange de leurs produits. « Peut-être, dit M. Bancroft, cette côte » avait-elle été déjà visitée pour y capturer des escla- » ves, et les naturels avaient appris à craindre les vi- » ces des Européens[1]. »

---

1. On s'est demandé si Verazzani, de retour en Europe au mois de juillet 1524, ne revit pas l'Amérique. Les chroniqueurs maritimes admettent unanimement qu'il repartit en 1525 pour une expédition dont il ne revint pas, ajoute-t-on. M. Bancroft croit à cette seconde expédition et même, sur le témoignage d'Hakluyt, à une troisième. Seulement il lui paraît peu probable, à raison des désastres de Pavie, que cette deuxième expédition ait été faite sous les auspices de la France. Peut-

L'expédition de Verazzani n'eut d'autre résultat matériel que la narration qu'il en donna lui-même et qui constitue le plus ancien document relatif à la côte des États-Unis. C'est Cartier qui devait découvrir le Canada, Cartier, un enfant de Saint-Malo, ce nid de marins, de soldats et d'écrivains, cette patrie de Duguay-Trouin, de Surcouf, de Chateaubriand.

Au mois d'avril 1534, Cartier mit à la voile de Saint-Malo, avec deux vaisseaux. Au bout de vingt jours, il fut sur les côtes de Terre-Neuve dont il fit le tour. Virant au sud et traversant le golfe, il entra dans la baie à laquelle il donna le nom significatif de *baie des Chaleurs*. Puis, ne trouvant pas de passage à l'ouest, il se dirigea le long de la côte, jusqu'à la baie plus petite de Gaspé. C'est là, sur une pointe de terre, à l'entrée de la baie, qu'il dressa une croix majestueuse supportant un bouclier aux lis de France. C'était la prise de possession de cette terre. Arrêté par l'hiver auquel ses équipages et ses bâtiments n'étaient pas préparés, Cartier termina ce premier voyage par la découverte du fleuve Saint-Laurent qu'il remonta jusqu'à ce qu'il en pût découvrir les deux rives.

être le fut-elle pour le compte de l'Angleterre, et Hakluyt affirme même que Verazzani remit à Henri VIII une carte de l'Amérique. On est réduit à des conjectures sur ce point, comme sur celui de la mort de Verazzani. Périt-il, comme le veut l'opinion commune, dans une rencontre avec les sauvages? Vécut-il longtemps encore à Rome, comme M. Bancroft penche à le croire, dans la compagnie de ses amis et des hommes de lettres et de sciences? C'est un mystère.

Ces découvertes eurent en France un grand retentissement. Elles flattaient l'amour-propre de la nation et son goût si décidé pour les aventures périlleuses. La jeune noblesse voulut prendre part à la nouvelle expédition que les amis de Cartier suggérèrent à François Ier. La religion, alors mêlée à toutes les choses du siècle, appela sur elle la faveur céleste. Une procession splendide précéda l'embarquement, et tous les membres de l'expédition reçurent des mains du prêtre l'absolution et la bénédiction. Arrivés, après des tempêtes, à Terre-Neuve, les trois vaisseaux de Cartier se dirigèrent cette fois à l'ouest, et comme c'était le jour de Saint-Laurent, les navigateurs donnèrent à la partie du golfe qui s'étendait devant eux le nom du martyr, nom devenu par la suite celui du grand fleuve et du golfe tout entier. Ils remontèrent ensuite le fleuve jusqu'au port nommé depuis Orléans. « Les
» naturels Indiens, d'origine algonquine, accueillirent
» les Français avec une hospitalité sans soupçons.
» Quittant ses vaisseaux, mouillés en sûreté, Cartier
» remonta le fleuve majestueux jusqu'au campement
» du principal chef indien, dans l'île de Hochelaga.
» D'après leur langage, les habitants de l'île devaient
» appartenir à la famille des tribus huronnes. Le vil-
» lage était situé au pied d'une colline que Cartier
» gravit. Quand il en eut atteint le sommet, il fut
» saisi d'admiration à la vue du splendide panorama

» de bois, d'eaux et de montagnes qui se déroulait de-
» vant lui, et son imagination lui présenta cette col-
» line comme le futur entrepôt d'un commerce inté-
» rieur et la métropole d'une province future. Sous
» l'empire de ces pressentiments, il l'appela Mont-
» réal, et le temps qui a étendu le nom à l'île entière,
» est en voie de réaliser les prévisions de Cartier [1]. »
Malgré le scorbut, l'hiver fut passé à l'ancre et ce fut
seulement dans le courant de 1536 que Cartier rentra
en France, non sans avoir pris possession de ces nouveaux territoires, au moyen d'une croix et d'un bouclier aux armes de France, comme à Gaspé.

Dans ses relations de voyage, Cartier n'avait pas
flatté le climat âpre et sévère de ces pays; il ne les
avait pas dépeints comme de nouveaux Eldorados.
Cette circonstance refroidit le zèle des aventuriers;
François Ier était, d'ailleurs, tout entier à sa troisième
lutte avec Charles-Quint. Cependant dès 1540, les
projets de colonisation étaient repris et Cartier faisait
partie, avec le titre de capitaine général et de premier
pilote, d'une troisième expédition. François de la
Roque, seigneur de Roberval, gentilhomme picard, fut
nommé vice-roi de Norimberie, nom donné à la vaste
région qui s'étend près du golfe et le long du fleuve
Saint-Laurent. Titre pompeux et sonore! Mais où
trouver les honnêtes artisans que Roberval devait

[1]. *Histoire des États-Unis*, vol. I, p. 17.

enrôler, aux termes de sa commission? Où étaient ses futurs sujets? On alla les prendre dans les prisons. Assassins, voleurs, banqueroutiers, escrocs, détenus pour dettes, formèrent le noyau de la nouvelle colonie ; on ne garda en prison que les faux monnayeurs et les coupables de haute trahison. Jacques II envoyait, au contraire, les partisans du duc de Monmouth, les vaincus de 1685, peupler l'île de la Jamaïque et la province du Maryland.

L'entreprise échoua complétement. Roberval n'était mû que par l'ambition des richesses et l'attrait du pouvoir. Cartier, véritable marin, ne songeait qu'à de nouvelles découvertes. Les colons ne se trouvèrent naturellement rien moins que propres à une vie de travail incessant et de lente rémunération. Les grands moyens furent nécessaires pour maintenir l'ordre parmi eux : on en pendit un pour vol ; plusieurs furent mis aux fers ; d'autres, hommes ou femmes, fouettés.

Au bout d'un an, « trouvant, dit M. Bancroft, que des terres en Picardie valaient mieux que des titres en Norimberie, Roberval abandonna sa vice-royauté. » Peut-être se rembarqua-t-il pour l'Amérique et périt-il en mer. Cartier bâtit un fort près du site de Québec : ce fut le seul résultat de son voyage dont la durée ne fut guère que d'un an.

L'insuccès de Roberval est suivi d'une période d'inertie de près d'un demi-siècle de la part du gouvernement français. Dans cet intervalle, nos nationaux ne restèrent pas cependant inactifs. La pêche florissait à Terre-Neuve, où se trouvaient, en 1578, jusqu'à cent cinquante bâtiments français. En 1555, Villegagnon, lieutenant de Coligny, faisait sur les côtes du Brésil une apparition, que devait suivre, sept ans plus tard, l'essai d'un établissement de calvinistes sur les frontières de la Floride, découverte en 1512 par l'espagnol Ponce de Léon. L'expédition avait pour chef Jean Ribault de Dieppe, marin brave et expérimenté qu'accompagnaient des gentilshommes et des troupes.

Après avoir découvert la rivière Saint-Jean, le Saint-Mathieu des Espagnols, qui fut nommée la rivière de Mai, l'expédition, suivant la côte, rencontra la vaste baie de Port-Royal. C'est là que Ribault éleva une pyramide aux armes de France, et construisit un fort appelé la Caroline, en l'honneur du roi Charles IX, nom prédestiné pour le pays, dit M. Laboulaye, car il lui fut donné trois fois : « d'abord par les Français,
» puis lors d'une concession sans résultats sous
» Charles Ier, puis enfin lors de la concession sous
» Charles II, qui fut suivie d'une véritable colonisa-
» tion. » Les débuts de la colonie furent heureux. Les naturels se montraient amis. Mais l'indiscipline se glissa bientôt dans la petite troupe qui se composait de vingt-six hommes en tout. Le gouverneur, homme aux passions indomptables, voulut la réprimer par

des actes d'arbitraire et de cruauté et fut égorgé. Les colons s'embarquèrent alors pour la France, dans un brigantin construit par eux-mêmes. La faim et les crimes qui l'accompagnent les attendaient dans la traversée : les survivants furent recueillis par un petit bâtiment anglais et conduits à la reine Élisabeth.

Cet échec ne découragea point Coligny (1564-1565), ardent à poursuivre ses projets de colonisation. En 1564, Laudonnière avec trois vaisseaux prit terre sur les bords de la rivière de Mai ; un nouveau fort *Caroline* fut bâti. Mais les colons de Laudonnière n'étaient ni moins turbulents ni moins indisciplinés que leurs prédécesseurs. Leurs exactions ne tardèrent point à leur aliéner les indigènes et leur prodigalité folle à les réduire à la famine. Sous prétexte d'y échapper, quelques-uns des aventuriers obtinrent l'autorisation de gagner la Nouvelle-Espagne. Ils se firent pirates et tombèrent pour la plupart aux mains des Espagnols. Laudonnière fit pendre, comme écumeurs de mers, ceux qui, après avoir échappé à l'ennemi, purent regagner le fort Caroline. Cependant le manque de vivres se faisait de plus en plus sentir ; trois grands mois se passèrent sans l'arrivée des secours attendus de France. Les colons étaient décidés à se rembarquer à tout hasard, quand Ribault apparut, amenant de France des provisions de toute espèce, des graines potagères, des instruments de labour, des émigrants avec leurs familles et diverses espèces d'animaux domestiques. La colonie se crut sauvée.

Quelques mois après, elle était anéantie. La tempête avait brisé, sur les côtes de la Floride, les vaisseaux de Ribault. Pedro Melendez de Avilès, lieutenant de Philippe II, fit prisonniers, après un combat meurtrier, les défenseurs du fort Carolino et les naufragés, à l'exception d'un petit nombre, parmi lesquels Laudonnière et le peintre Le Moyne, dit de Morgues, assez heureux pour s'échapper dans les bois.

Melendez avait promis la vie sauve aux prisonniers. Il ne tint pas parole et fit massacrer, non pas *comme Français mais comme hérétiques* (ce furent ses paroles), neuf cents de ces malheureux. Un cadet de Gascogne, tour à tour soldat, prisonnier et galérien chez les Espagnols, esclave chez les Turcs, d'où le retira le grand maître de Malte, Dominique de Gourgues, apprend ce fait odieux. Il vend aussitôt ses biens, et joignant au produit de cette vente les cotisations de ses amis, il équipe trois vaisseaux, montés par cent cinquante hommes, et fait voile pour la Floride (1568). Il surprend deux forts à l'embouchure du Saint-Mathieu, détruit le principal établissement espagnol, pend ses prisonniers et place au-dessus de leurs têtes cette inscription : *Je ne fais cecy comme à Espagnols, ni comme à mariniers, mais comme à traitres, voleurs et meurtriers.*

La France, sous Henri II, eut à soutenir sur toutes

ses frontières des guerres sanglantes. François II ne fit que paraître sur le trône. Les guerres de religion remplirent les règnes de Charles IX et de Henri III. Cependant ce dernier accorda, en 1588, à Noël et à Chaton, neveux de Jacques Cartier, le commerce exclusif du golfe Saint-Laurent, concession bientôt révoquée. Ravillon se rendit, trois ans plus tard, au Canada, mais pour y exploiter la pêche des phoques seulement. Les entreprises coloniales ne reprennent que sous Henri IV. Il nomma le marquis de La Roche son lieutenant général en Norimberie, Labrador et Terre-Neuve. Muni de tous les pouvoirs nécessaires à l'établissement d'une colonie, de La Roche atteignit l'île de Sable, où il laissa quarante hommes, reconnut les côtes de l'Acadie et revint en France réunir les éléments d'une deuxième expédition. Il mourut sur ces entrefaites, et la famine se mit dans le petit établissement de l'île de Sable. Douze hommes seulement purent être ramenés en France. De Monts, en 1594, reconnut de nouveau les côtes du Canada, depuis le cap Causeau jusqu'à la baie de Fundy.

La première tentative commerciale des Français ne date que de 1600, année où Chauvin et Pontgravé, marchands de Saint-Malo, obtinrent des lettres patentes leur concédant le monopole du commerce des fourrures. L'entreprise fut fructueuse pour les associés; mais la mort empêcha Chauvin de fonder une colonie.

Cette tâche était réservée à Samuel Champlain, du Brouage, ancien compagnon de de Monts, qu'une compagnie de marchands de Dieppe mit, un an après la mort de Chauvin, à la tête d'une nouvelle expédition. Habile officier de marine et homme de science, Champlain possédait toutes les qualités requises pour son rôle : une intelligence élevée, un esprit à la fois ferme et mobile, une persévérance et une activité à toute épreuve, cette confiance raisonnée en soi, cet enthousiasme, enfin, pour son œuvre, sans lesquels il n'est pas de succès. Il a mérité le titre de père de la Nouvelle-France, et notre pays peut sans crainte opposer son nom, avec ceux de Labourdonnaye et de Dupleix, à ceux qui lui refusent absolument le génie de la colonisation.

Le premier séjour de Champlain au Canada ne fut que d'une courte durée. Il rentrait en France au moment où se signaient les lettres patentes de de Monts. Ces lettres concédaient à celui-ci le monopole du commerce des fourrures et lui reconnaissaient la souveraineté de l'Acadie et de ses frontières, depuis le quarantième jusqu'au quarante-sixième degré de latitude, avec le pouvoir absolu sur la terre, le gouvernement et le commerce. En y comprenant la tentative du marquis de La Roche, gentilhomme breton, qui balaya, lui aussi (1598), les prisons pour se faire un personnel et ne rencontra pas un meilleur succès que Roberval, c'était le troisième effort de la couronne de France. Bien que fait, comme les précédents, sur une échelle des plus mesquines, il ne devait pas rester aussi infructueux. Poutrincourt, un des lieutenants de de Monts, s'établit dans un havre qu'il nomma Port-Royal (1605), aujourd'hui Annapolis. De Monts fonda sur l'île de la Croix un établissement agricole que le climat lui fit abandonner. Désireux de trouver au sud un meilleur emplacement, il se mit à explorer, mais sans succès, jusqu'au cap Cod au moins, les baies et les rivières de la Nouvelle-Orléans dont il revendiqua la souveraineté au nom du roi de France. Dupont, son autre lieutenant (1606), renouvela jusqu'à trois fois la tentative. Trois fois les vents le repoussèrent et, la troisième, il fit même naufrage. Poutrincourt ne réussit pas mieux, et force fut à l'armée de se contenter de Port-Royal, le premier en date de nos établissements sur le continent américain. Il précédait de deux ans la découverte de la rivière James et de trois la construction de la première hutte au Canada.

Le privilége de de Monts fut révoqué en 1608, à la sollicitation du commerce français. Cette même année, Champlain reparaît en Amérique et fonde la ville de Québec en 1609 ; il se joint, avec deux Français seulement, à une troupe d'Algonquins de Québec et de Hurons de Montréal, en expédition contre les Iroquois ; il remonte le Sorel et explore le lac qui porte son propre nom. En 1612, le prince de Condé, vice-roi de la Nouvelle-France, fait obtenir un privilége à des marchands de Saint-Malo et de La Rochelle. Champlain se rembarque.

Il envahit de nouveau le territoire iroquois. Blessé et repoussé, il passe son premier hiver au milieu des Hurons, et, à travers les forêts vierges, pénètre jusqu'aux villages des Algonquins, près du lac Nipissing (1616). Malgré la compagnie, qui lui marchande l'argent, il bâtit sur une hauteur le fort Saint-Louis (1620-1624), pendant de si longues années le siége et le boulevard de notre domination. En même temps qu'il fait appel, contre les dissensions intérieures (1628), au conseil royal et à Richelieu, il repousse les sauvages les armes à la main.

Mais il ne fut pas aussi heureux contre les Anglais.

En 1629, David Kertk, de Dieppe, s'était présenté devant Québec et avait sommé la ville de se rendre. Vigoureusement repoussé, il s'était vengé en s'emparant d'une escadre française qui portait au Canada des émigrants et des provisions de toutes sortes. Quelques mois plus tard, les deux frères de Kertk reparaissaient sous les murs de Québec, complétement privés de vivres et de munitions. Le vieux Champlain dut capituler cette fois. Il le fit avec honneur (1630). La garnison put sortir avec ses armes et obtint un vaisseau pour rentrer en France. Toutefois, les Anglais ne jouirent que peu de temps du fruit de l'expédition des frères Kertk. Le traité de Saint-Germain-en-Laye (1632) restitua le Canada à la France, qui avait envoyé Basilly pour le reprendre. Richelieu avait un instant songé à l'abandonner.

Quand Champlain mourut (1635), ses plans, mal secondés par la métropole, n'avaient qu'imparfaitement réussi. Notre autorité était assise, il est vrai, sur les bords du Saint-Laurent; les sauvages avaient appris à nous craindre et à nous respecter; nos missionnaires s'avançaient dans les solitudes. Mais notre établissement restait matériellement bien chétif. « Le fort de » Québec, environné de quelques méchantes maisons » et de quelques baraques, dit le P. Charlevoix, deux ou » trois cabanes dans l'île de Montréal, autant peut-être » à Tadoussac et en quelques autres endroits sur le » fleuve Saint-Laurent, pour la commodité de la pêche » et de la traite; un commencement d'habitation aux » Trois-Rivières et les ruines du Port-Royal, voilà en » quoi consistaient la Nouvelle-France et tout le fruit » des découvertes de Verazzani, de Jacques Cartier, » de M. de Roberval, de Champlain, des grandes dé- » penses du marquis de la Roche et de M. de Monts et » de l'industrie d'un grand nombre de Français, qui » auraient pu y faire un grand établissement, s'ils » eussent été bien conduits [1]. »

1. *Histoire et description générale de la Nouvelle-France*, 6 in-12, Paris, Rollin, 1744, t. I, p. 272-273.

CHAPITRE II

LES MISSIONS ET LA COLONISATION

Sommaire. — Champlain et les premiers missionnaires. — Les Franciscains et les Jésuites. — Religion, mœurs et habitudes des aborigènes. — Progrès de l'évangélisation et de la colonisation. — Les PP. Brébeuf, Lallemand et Daniel. — Les missionnaires chez les cinq nations. — Les PP. Dablon, Allouez et Marquette.

Les continuateurs de l'œuvre de Champlain devaient être nos missionnaires. Le nouveau continent, avec ses peuplades idolâtres, rusées et cruelles, vivant sous la hutte, retirant de la pêche et de la chasse leurs moyens d'existence, toujours en guerre, offrait aux prédicateurs de l'Évangile un vaste champ d'action et leur promettait une ample moisson. Le monde sait comment ils la cueillirent, au mépris de tous les dangers et de toutes les fatigues, ne baissant jamais la tête ni la croix devant le tomahawk et le poteau des tortures. Témoin trop souvent indigné des crimes, des défaillances et des folies humaines, l'historien s'arrête avec respect et consolation devant le spectacle de cette foi indomptable qui trouve en elle-même son aliment et sa récompense, de cette intrépidité sereine, de cette abnégation de tous les jours et de tous les instants.

Lors de son retour en Amérique (1615-1626), Champlain, *qui estimait le salut de l'âme au-dessus d'un empire,* avait amené avec lui les franciscains le Caron, Viel, Dolbeau et Sagard. Québec ne comptait encore que cinquante habitants. Les Pères pèlerins (*Pilgrim-Fathers*) ne devaient débarquer que bien des années après au cap Cod, et déjà les missionnaires avaient pénétré chez les Mohawks et les Wyandots, visité les tribus riveraines du lac Huron et du Niagara, établi des missions dans le Maine oriental [1]. Les Franciscains avaient été précédés par les Jésuites (1600), que patronnaient et soutenaient de leurs propres deniers la reine Marie de Médicis et la marquise de Guercheville. Une part avait été même allouée à la compagnie, du consentement des intéressés, dans le produit des pêcheries et du commerce des fourrures. Des conversions parmi les naturels marquèrent la venue des Jésuites. En compagnie de Biencourt (1612), le P. Biart explora

---

[1]. Le Maine fut ainsi nommé en l'honneur de la reine Henriette, fille de Henri IV, femme de Charles Ier, dont le nom évoque le souvenir de la magnifique oraison funèbre de Bossuet. M. Laboulaye pense qu'elle avait quelque droit ou quelque titre féodal dans la province française du Maine; mais, il n'a trouvé aucune indication à cet égard. (Laboulaye : *Histoire politique des États-Unis.*)

la côte jusqu'au Kennebec et remonta cette rivière. Il évangélisa les Cannibas, Algonquins de la famille des Abenakis, et des tribus entre le Penobscot et le Kennebec, déjà hostiles aux Anglais, il fit des alliés sûrs pour la France. De la Saussaye fortifia Saint-Sauveur, sur le rivage oriental de l'île de Mont-Désert. « La conversion des infidèles fut la cause de cet
» établissement. Les naturels vénéraient le P. Biart
» comme un messager céleste; et, sous le ciel de
» l'été, autour d'une croix plantée au centre du vil-
» lage, les matines et les vêpres se chantaient régu-
» lièrement. La France et la religion catholique s'é-
» taient approprié le Maine [1]. »

Les PP. Biart et le Caron (1625-1636) avaient tracé la voie. La seconde occupation du Canada et la retraite des Récollets, qui leur cédèrent leurs établissements, donnèrent plus de force et de zèle aux Jésuites, devenus les seuls apôtres du Nouveau-Monde. Dans les trois ans qui la suivirent, on trouve déjà quinze d'entre eux dans la province du Canada. Cette époque est à proprement parler le point de départ des grands travaux d'évangélisation des Indiens, travaux qu'accompagnent les progrès de la colonisation et de la domination française.

Frappé du spectacle qui l'environne, de la puissance

---

1. *Histoire des États-Unis*, vol. I, p. 22.

des forces naturelles, tantôt bienfaisantes, tantôt destructives ; déchu, mais conservant au fond du cœur l'idée d'une divinité, créatrice et gardienne du monde, l'homme primitif a doué la nature d'intelligence et de personnalité. Il a déifié le soleil qui éclaire, réchauffe et fertilise la terre ; les astres, qui décrivent silencieusement, au-dessus de sa tête, leurs ellipses immenses ; le feu, qui cuit ses aliments et brûle sa hutte ; l'eau, qui fertilise et ravage ses champs ; le tonnerre, dont les roulements l'effraient. Il a peuplé le monde de divinités faites à son image et dont il cherche, par ses prières et ses sacrifices, à s'assurer l'aide ou à conjurer le courroux. Ce naturalisme était, si ce n'est pas abuser ici d'un tel mot, la religion des Indiens. Leurs génies et leurs *manitous* présidaient, comme les lares et les pénates de Rome, au foyer domestique ; ils veillaient au berceau de l'enfant, au chevet du malade ; ils fermaient la paupière du guerrier. Chose remarquable chez ces peuples, qui ne rendaient de culte à aucun prophète et ne déifiaient point leurs héros, cette vénération descendait jusqu'à l'oiseau, à l'ours et au buffle, hôte des prairies. Une étincelle illuminait cependant ces ténèbres : l'Indien admettait l'existence d'un grand esprit supérieur à l'homme et à tous les manitous ; il croyait non à la résurrection générale, mais à la continuation de la vie après la mort et à une sorte de paradis tout matériel, où les guerriers d'élite habiteraient des territoires de chasse toujours abondants en gibier [1].

Les Peaux-Rouges de l'Amérique du Nord ne bâtissaient point, comme les aborigènes du Mexique, des temples vastes et superbes, vestiges d'une civilisation aux origines et au développement mystérieux. Ils n'en avaient pas, pour mieux dire. Le témoignage de Charlevoix fait justice de cette fantasmagorie d'autels, de dômes, de temples où l'on voyait rangés en cercle les corps des chefs décédés, pures inventions de conteurs à l'imagination trop fertile. « J'entrai, dit-il, dans la
» *cabane du feu*, c'est-à-dire la maison où l'on entrete-
» nait, dans la plupart des villages indiens, un feu
» perpétuel autour des os de leurs grands chefs, et je
» n'y vis point d'ornements, rien, absolument rien qui
» pût me faire connaître que j'étais dans un temple [2]. »

---

1. C'était même une croyance que des hommes vivants avaient visité la région des ombres, et que, semblable à l'antique Orphée, un Indien, à la recherche de sa sœur, l'eût ravie, n'eût été sa curiosité inopportune, à la société des morts et réintégrée dans la hutte de ses pères. Dans l'éclat des aurores boréales, les Peaux-Rouges croyaient voir la danse des morts. Mais la région du sud-ouest était le grand sujet de leurs traditions. C'est là qu'était la cour du grand esprit; c'est là qu'étaient les ombres de leurs ancêtres.

2. Voici la description que donne Charlevoix d'un temple visité par d'Yberville en 1710 :

« A son arrivée au village des Bayagoulas, le chef des sauvages le conduisit à un temple dont on sera, peut-être, bien aise, de voir la description. Le toit était orné de plusieurs figures d'animaux, parmi lesquels on distinguait un coq peint en rouge. Il y avait à l'entrée, en guise de portique, un appentis de huit pied de large sur onze de long,

Témoignage que confirme celui d'Adair, et applicable à toutes les tribus indiennes, à part les Natchez, qui seuls avaient un lieu spécialement consacré à l'adoration de leurs divinités. Ces formes du culte, si solennelles et si imposantes à Memphis, Athènes et Rome, étaient inconnues aux Indiens. Ils offraient cependant des dons et des sacrifices à leurs dieux, sacrifices qui n'étaient point, d'ailleurs, le privilége des chefs, encore moins d'un sacerdoce. Chaque Indien se considérait comme son propre prêtre. Le succès de la chasse, l'abondance de la moisson, les accidents ordinaires mêmes de la vie s'attribuaient à l'influence du manitou. Un Indien, pleurant avec toute sa famille la mort d'un

soutenu de deux gros piliers, par le moyen d'une poutre de traverse. Aux deux côtés de la porte, on voyait encore d'autres figures d'animaux, comme d'ours, de loups, et de divers oiseaux, et à la tête de toutes était celle d'un *chouchouacha*. C'est un animal qui a la tête et la grosseur d'un cochon de lait; son poil est de la nature de celui du blaireau, gris et blanc; il a la queue d'un rat, les pattes d'un singe, et la femelle a sous le ventre une bourse où elle engendre ses petits et où elle les nourrit.

» Le chef des sauvages qui conduisait M. d'Yberville, fit ouvrir la porte, qui n'avait que trois pieds et demi de large, et il y entra le premier. Ce temple était une cabane faite comme toutes les autres du village, en forme de dôme un peu écrasé et de trente pieds de diamètre. Il y avait au milieu deux bûches de bois sec et vermoulu, posées bout à bout, qui brûlaient et faisaient beaucoup de fumée. On voyait dans le fond une espèce d'échafaud sur lequel étaient plusieurs paquets de peaux de chevreuil, d'ours et de bœufs qui avaient été offertes au *chouchouacha*, car cet animal est le dieu des Bayagoulas, et il était dépeint en plusieurs endroits, en rouge et en noir. » (*Hist. et Descrip. gén.*, t. III, p. 176.)

enfant, supplie le manitou de détourner de lui sa colère et d'épargner le reste de sa progéniture. Canonicus, le grand sachem des Narragansetts, arrivé à la vieillesse, enterre le fils qu'il vient de perdre et brûle sa maison, à titre d'expiation auprès du dieu qui lui a ravi son enfant. Les Iroquois, pendant le séjour de Jogues parmi eux, sacrifient une femme à Areskoui, le dieu de la guerre, qu'ils prient de se nourrir de la chair de la victime et de leur accorder de nouvelles victoires. Hennepin trouve une peau de castor pendue sur un arbre : c'est une offrande à l'esprit qui habite les chutes de Saint-Antoine. Les guides de Joutel offrent plusieurs morceaux de la chair d'un buffle à l'esprit inconnu du désert où ils l'ont tué. En traversant l'Ohio, des dons de tabac et de viande sèche leur rendent propice l'esprit du beau fleuve.

D'autres pratiques revêtaient un caractère plus relevé et plus moral. Le chasseur, qui voulait se rendre propices les divinités tutélaires des animaux, s'imposait des jeûnes sévères. Pour conjurer le vent naissant, l'Indien faisait le sacrifice de son occupation journalière. Le guerrier, partant en expédition, se séparait de sa femme et mortifiait son corps. Il faisait vœu de chasteté jusqu'à son retour. « Non content de rendre hom-
» mage aux divers pouvoirs dont il peut invoquer
» l'aide, dans la guerre, dans la chasse ou la pêche, il
» cherche un génie spécial qui soit son compagnon et

» son ange protecteur dans la vie. Aux approches de
» la maturité, le jeune Chippewa, soupirant après la
» vue de Dieu, noircit sa face de charbon, se bâtit une
» cabane de troncs de cèdre, peut-être sur le sommet
» d'une colline, et commence son jeûne dans la soli-
» tude. Il endure le jeûne de huit jours, sans boire
» parfois, jusqu'à ce qu'enfin, sous l'extrême excita-
» tion de la soif, de la veille et de la faim, il ob-
» tienne une vision céleste, et qu'il reconnaisse son
» esprit gardien. Cet esprit peut revêtir des formes
» fantastiques, celles d'une peau, d'une plume, d'un
» caillou, ou d'un objet quelconque; mais cet objet,
» une fois au pouvoir et dans la poche du guerrier,
» n'est plus l'esprit gardien lui-même, mais plutôt le
» gage de sa faveur et la garantie de sa présence en
» temps de besoin [1]. »

Tous les voyageurs ont constaté, même chez les peuplades les plus sauvages et les plus barbares, le respect des morts. Il était profond chez les Peaux-Rouges. Les Choctas, les Algonquins, les Wyandots et les Chérokées enveloppaient le corps du mort dans les fourrures les plus précieuses. Les Hurons réunissaient les os de leurs guerriers, épars dans leurs nombreux cimetières, et les déposaient en grande pompe dans une tombe commune. Une coutume générale était l'ensevelisse-

1. *Histoire des États-Unis*, vol. II, p. 907.

ment du guerrier avec sa pipe, son fétiche, ses armes et ses plus beaux habits. On plaçait à ses côtés son écuelle, son maïs et sa venaison. De grands repas avaient lieu en son honneur. On jetait dans les flammes des plats du festin à l'intention de son grand voyage. La cruauté parfois se mêlait à ces hommages. Quand Ferdinand de Soto, le présomptueux émule de Cortès et de Pizarre, mourut misérablement sur cette terre de Floride dont il avait rêvé la conquête, le chef, son hôte, sacrifia, pour lui servir là-bas de guides et de compagnons, deux jeunes hommes de sa tribu, grands et bien faits. Qu'on aime mieux cette sollicitude d'outre-tombe de la mère indienne enveloppant le corps de son enfant dans ses peaux de castors les plus moelleuses, plaçant sur sa tombe, son berceau, ses sonnettes, son collier, et remplissant une coupe de bois de son propre lait, pour le nourrir dans le pays des ombres! ou cette plainte naïve de l'Algonquin : « Vous n'avez pas eu compassion de mon pauvre frère !
» Voyez : l'air est si doux, le soleil si vivifiant ; et vous
» n'avez pas balayé la neige de sa tombe pour qu'il se
» réchauffe un peu ! »

La foi aux songes était universelle et puissante chez les Indiens. Superstition aussi vieille que le monde, qui a été celle des plus grands hommes de l'antiquité et qui a survécu à la chute des idoles. Les songes les plus capricieux étaient autant de révélations divines

auxquelles il fallait obéir, fût-ce au prix de la vente des récoltes, des fourrures, des produits de la chasse, de la vie même. Le neveu d'une femme chippewa rêve qu'il a vu un chien français ; sa tante fait, au cœur de l'hiver, quatre cents lieues à pied pour le lui procurer. « Heureux le chasseur qui, au départ pour
» la chasse, obtenait du Grand-Esprit une vision de
» l'animal qu'il allait poursuivre : c'était une garantie
» du succès. Le rêve, au contraire, était-il menaçant ?
» le sauvage de se lever dans la nuit ou de devancer
» l'aube pour prier ; ou encore de s'entourer de ses
» amis et voisins, et de passer les jours et les nuits en
» veilles, en jeûnes et en invocations[1]. »

Une des meilleures pierres de touche d'une civilisation, c'est l'état social de la femme. Chez les nations chrétiennes, le mariage est une institution forte et révérée.

Les tribus indiennes étaient polygames. La liberté du Peau-Rouge de prendre autant de femmes qu'il en voulait, ne connaissait qu'une restriction : les alliances entre parents à certains degrés étaient interdites. Défense commune, paraît-il, aux législations les plus savantes comme aux plus élémentaires, à celles mêmes qui ne sont pas écrites. Le divorce était fréquent et poussait les malheureuses *squaws* au suicide.

1. *Histoire des États-Unis*, vol. II, p. 908.

Plus dédaigneux du travail *servile* que ne le fut jamais un citoyen grec ou romain, aux beaux jours du Forum ou de l'Agora, le Peau-Rouge, dans son wigwam, passe des journées entières à fumer, boire, dormir et manger. Sa femme va chercher l'eau et le bois ; elle lui prépare ses repas et les lui sert. C'est elle qui fait sécher les viandes et les fruits ; elle qui bâtit le wigwam, qui chasse les oiseaux des champs, qui ensemence et qui récolte; elle qui porte l'attirail de pêche ou de chasse de son maître et rapporte le gibier et le poisson. Abjection matérielle que cette pauvre créature ennoblit par sa fidélité conjugale, rarement oubliée, et par sa tendresse matérielle presque exagérée[1].

L'enfant, au wigwam, ne subit aucune contrainte; il joue, il travaille quand il veut. Son éducation physique est toute spartiate : il apprend de bonne heure à manier l'arc et l'aviron, à fournir, pieds nus, de longues traites, à braver le froid et la faim. Son courage naissant s'exalte aux récits des exploits guerriers de ses pères. Il aspire ardemment à l'heure où il entonnera lui-même le chant du combat, dont les échos ne meurent jamais dans les plaines sans fin du Far-West, où il suivra à son tour le sentier de la guerre

---

1. Cette tendresse, qui s'effraie d'une séparation, même momentanée, et la liberté absolue dont jouit l'enfant dans le wigwam paraissent au père Lejeune les principales causes de l'insuccès des écoles chez les Indiens.

et se vantera de ses exploits dans les danses et les fêtes de sa tribu; comptant ses faits d'armes par les plumes d'aigle de sa chevelure et les scalps pendus à sa ceinture, ses blessures par les marques de vermillon de sa peau.

La guerre, voilà, en effet, la pierre angulaire de cette société qui n'a point de codes écrits, mais de simples coutumes, produit des mœurs, des habitudes et des délibérations du grand conseil des chefs électifs ou héréditaires, transmises religieusement de père en fils. La guerre était le seul chemin qui conduisît à la gloire. Le chef militaire était, sans exception de tribus, entièrement électif, et chaque bande ne se composait que de volontaires, se réunissant pour une expédition et se dispersant ensuite. Des danses et des fêtes précédaient le départ des guerriers. En partant, ils s'adressaient aux femmes : « Ne pleurez pas, leur » disaient-ils, si nous venons à mourir. Pleurez seule- » ment pour vous-mêmes. Nous allons venger nos » amis et nos parents. Nous coucherons comme eux » nos ennemis sur la terre. » Apostrophe où éclate, impétueuse et puissante, la triple passion de l'âme d'airain du Peau-Rouge, l'orgueil, l'amour du danger et la soif de la vengeance. Apostrophe digne des héros des *Niebelungen* et des farouches serviteurs d'Odin.

Pitié est un mot qui ne doit pas appartenir au vocabulaire des dialectes indiens, tant le sentiment qu'il

exprime était étranger aux Peaux-Rouges : vainqueurs, ils ne faisaient point grâce ; vaincus, ils n'en demandaient pas. Leur orgueil se complaisait à braver les tortures et à narguer leurs bourreaux. Dans quelques-uns de ces récits admirables que chacun a lus, Fénimore Cooper a décrit ces supplices, dont l'imagination même s'étonne et dont la pensée seule donne le frisson. Le témoignage de l'histoire ne contredit pas celui du roman. Suivons, par exemple, un prisonnier de guerre des Iroquois : « Dans le trajet du lieu
» du combat aux cabanes de ses vainqueurs, on écrase
» ses mains entre des pierres ; on arrache ou on mu-
» tile ses ongles ; on écorche et on déchire les join-
» tures de ses bras. Lui, cependant, reste calme et
» redit les chants de sa nation. Arrivé aux demeures
» ennemies, chacun le veut régaler, et une jeune fille
» lui est amenée pour être la femme de sa captivité
» et la compagne de ses dernières amours. De village
» en village, il assiste à des fêtes données en son hon-
» neur et auxquelles il est obligé de chanter. Le vieux
» chef, qui aurait pu l'adopter en place d'un neveu
» tué, préfère sa vengeance et prononce sa sentence
» de mort. C'est bien, répond le prisonnier. La sœur
» du guerrier tombé, qu'il aurait pu remplacer, le
» traite encore avec tendresse, comme un frère, lui
» offrant à manger et le servant avec un respectueux
» intérêt. Le père le caresse comme s'il était entré

» dans la famille, lui donne une pipe et essuie les
» gouttes épaisses de sueur de son visage. Son dernier
» festin, à la charge du chef sans fils, commence à
» midi. Il s'adresse ainsi à la foule de ces hôtes : « Mes
» frères, je vais mourir; soyez joyeux autour de moi
» tout à votre aise. Je suis un homme : je ne crains ni
» la mort ni vos tourments. » Et il se met à chanter à
» pleine voix. Le festin fini, il est conduit à la cabane
» du sang. On l'attache à un poteau et ses mains
» sont liées. Bientôt il se soulève et entonne son chant
» de mort. A huit heures du soir, onze feux sont allu-
» més, autour desquels viennent se ranger de nom-
» breux spectateurs. Les jeunes gens désignés pour
» être ses bourreaux sont exhortés à bien faire, car
» ils seront agréables à Areskoui, le puissant guerrier.
» Un chef de guerre dépouille le prisonnier, le montre
» nu au peuple, et assigne à chacun son office. La
» scène la plus horrible s'ensuit; les tortures durent
» jusqu'après le lever du soleil. Meurtrie et déchirée,
» scalpée et à demi brûlée, la misérable victime est
» portée hors du village et hachée en morceaux. Un
» festin de sa chair complète le sacrifice [1].

Telles étaient les coutumes, dit M. Bancroft, que les
Européens ont rejetées bien loin dans le Far-West. Tels
étaient les hommes, dirai-je à mon tour, dont j'aurai

---

1. *Histoire des États-Unis*, vol. II, p. 902.

retracé les traits les plus caractéristiques, si j'ajoute que les Peaux-Rouges aimaient avec frénésie l'eau de feu, triste présent des Européens ; qu'ils respectaient et pratiquaient largement les lois de l'hospitalité ; tels étaient les hommes à qui nos missionnaires venaient apporter les bienfaits du christianisme et la lumière de l'Évangile. L'œuvre n'était pas faite pour tenter de faibles courages. Mais quel jésuite, dirai-je avec l'illustre historien de l'Amérique, quel missionnaire catholique a jamais mis ses fatigues et sa vie en balance avec le salut des âmes infidèles ? En ces temps de scepticisme et de langueur religieuse, ils se montrent encore, sur la terre idolâtre, les dignes héritiers des confesseurs du xvi° et du xvii° siècles, des apôtres du Nouveau-Monde, des Indes et du Japon.

Champlain avait fait alliance, au nom de la France, avec les Hurons, trouvant dans cet accord un avantage patriotique et religieux tout à la fois. C'est sur les bords du lac Iroquois que le P. Brébeuf (1634) fonda la première mission des Jésuites en Amérique. C'était un de ces hommes à qui une foi austère et enthousiaste sert de mobile et de fin. Ses pratiques religieuses rappelaient la sévérité des anciens anachorètes. Chaque jour, en recevant l'hostie sainte, il renouvelait son vœu de braver le martyre ; il le cherchait ; il en avait soif ; comme si sa vie, toute de prières, de prédications, de bonnes œuvres, de fatigues et de dangers, ne suffisait pas au gain de sa cause devant Dieu. Le même zèle apostolique animait le P. Daniel et le P. Lallemand, ses collaborateurs.

Cinq ans après l'arrivée du P. Brébeuf, les missions s'étaient multipliées, et elles avaient pour centre Sainte-Marie, village situé sur les bords de la rivière Matchedash. Un grand chef indien, que nous verrons jouer un beau rôle dans les guerres entre les Hurons et les Iroquois, Ahasistari, était devenu chrétien. « La nature avait jeté dans son âme les semences de la foi religieuse. « Avant votre arrivée dans le pays, racon-
» tait-il aux missionnaires, quand j'avais encouru
» quelque grand péril, dont seul je sortais sauf, je
» me disais qu'un puissant esprit gardait mes jours. »
Et il professa sa croyance en Jésus, comme dans le bon génie et le protecteur qu'il avait adoré à son insu. Après quelques épreuves, on le baptisa, et, devant une troupe de sauvages, convertis comme lui, « efforçons-
» nous, s'écria-t-il, d'amener le monde entier à la foi
» dans Jésus-Christ[1]. » Dans le même temps, la sympathie de la métropole pour les missions se manifestait de nouveau. Le marquis de Gamache (1635) se faisait jésuite, et ses riches parents lui donnaient les moyens de fonder un collége à Québec. Les Jésuites devançaient Harvard et les membres de l'assemblée générale du

---

1. *Histoire des États-Unis*, vol. II, p. 786.

Massachusetts. La duchesse d'Aiguillon, et son oncle le grand cardinal, fondaient un hôpital « dédié au fils de » Dieu, dont le sang a été versé pour la merci de l'hu- » manité entière. » Ses portes ne s'ouvraient pas seulement aux émigrants, mais encore aux estropiés, aux malades, aux aveugles des nombreuses tribus entre le Kennebec et le lac Supérieur; toutes les infortunes y étaient reçues sans distinction de race [1]. L'hôpital de Dieppe fournissait trois religieuses, dont la plus âgée n'avait que vingt-neuf ans et la plus jeune vingt-deux seulement. Une veuve d'Alençon (1639), jeune et opulente, Mme le Peltier, créait un couvent d'Ursulines pour l'éducation des filles. Une sœur hospitalière de Dieppe et deux religieuses de Tours formaient le noyau de la communauté. « En prenant terre à Québec, ces
» jeunes héroïnes s'arrêtèrent pour baiser la terre
» qu'elles adoptaient pour patrie, et qu'elles étaient
» prêtes au besoin à teindre de leur sang. Le gou-
» verneur, avec sa petite garnison, les reçut au bord
» de l'eau. Des Hurons et des Algonquins, mêlant
» leurs acclamations à celles de la colonie, remplis-
» saient l'air de cris de joie, et le groupe bigarré ac-
» compagna les nouvelles venues jusqu'à l'église où,
» au milieu d'actions de grâce universelles, le *Te Deum*
» fut chanté. Est-il surprenant que les naturels fus-

---

1. *Histoire des États-Unis*, vol. II, p. 787.

» sent touchés d'un dévouement que leur pauvreté et
» leur misère sordide ne savaient effrayer? On tenta
» également leur éducation, et le frêne vénérable existe
» encore sous lequel Marie de l'Incarnation, si renom-
» mée pour sa piété austère, son génie et son bon
» sens, tenta, mais en vain, d'instruire les enfants
» hurons [1]. »

Les missions s'étendaient et portaient leurs fruits. Sillery établissait (1637) une colonie de Hurons aux environs de Québec et l'évangélisait. En 1640 tous les Indiens convertis assistaient à Montréal à une messe solennelle. L'année suivante on plaçait à Notre-Dame de Paris les missions de la Nouvelle-France sous la protection de « la reine des anges. » Et la fête de l'Assomption se célébrait, sur l'île même, au milieu des Français accourus de toutes les parties du Canada et des guerriers indiens de toutes les tribus converties. Les feux sacrés des Wyandots étaient consacrés à la Vierge Marie. Là « le Mohawk et l'Al-
» gonquin plus faible, dit Le Jeune, feront leur de-
» meure; le loup vivra avec l'agneau, et un petit en-
» fant sera leur guide. » De 1634 à 1647, quarante-deux Jésuites et dix-huit novices parcoururent les solitudes américaines des rives du Niagara jusqu'à la naissance du lac Supérieur et visitèrent les bords du

---

1. *Histoire des États-Unis*, vol. II, p. 787.

lac Huron, du Michigan et de la baie Verte. L'intention des Jésuites ne se bornait pas dès lors à établir des missions dans ces contrées; ils voulaient encore pénétrer dans les immenses régions de l'ouest et du nord-ouest, cette terre de Chanaan du pionnier et du squatter de l'Union actuelle ; leurs ressources et leurs moyens ne se trouvaient pas malheureusement à la hauteur de leurs vues et de leur courage. Pendant trois ans, ils n'avaient reçu de France aucuns secours pécuniaires et leur détresse était telle que leurs vêtements tombaient en lambeaux. Ils avaient à peine le pain nécessaire au saint sacrifice, et les vignes sauvages leur en fournissaient le vin. Les recrues leur faisaient aussi défaut.

L'inimitié des Mohawks, en guerre perpétuelle avec les colons [1], fermait aux missionnaires la navigation

---

1. Les Mohawks faisaient partie de cette confédération des cinq nations (Mohawks, Onéidas, Onondagas, Cayugas, Senecas), connue sous le nom générique d'Iroquois. Les cinq nations ont joué dans les luttes de la France avec l'Angleterre et les aborigènes, un rôle considérable sur lequel nous aurons à revenir dans le courant de ce récit: peut-être lira-t-on avec quelque intérêt les détails suivants sur leur organisation sociale.

Les traditions les plus reculées nous montrent trois de ces nations déjà unies entre elles. « Les Onéidas et les Senecas étaient des associés
» de seconde date. Chaque nation était une république souveraine,
» divisée en clans, entre lesquels une faible subordination s'apercevait
» à peine. Les *Clansmen* avaient des demeures fixes qu'entouraient
» des champs de haricots et de maïs. Chaque établissement, semblable
» à une ville de la Nouvelle-Angleterre ou à une centurie saxonne,
» constituait une petite démocratie. Point d'esclavage; point de caste

du lac Ontario comme de l'Érié, et rendait peu sûres les communications par le Saint-Laurent. Les vallées de l'Ottawa et de la rivière française, tributaires du grand fleuve, étaient donc le seul chemin des missionnaires et des colons vers l'ouest. Cependant des tribus neutres occupaient les territoires riverains du

« favorite; tous les hommes égaux. Un contrat verbal était la base de l'union. Le congrès des sachems à Onondaya, sorte de *wittenagemot* des Anglo-Saxons, décidait de toutes les affaires publiques. La loi résidait dans les traditions orales, et l'opinion de la majorité en décidait l'application. L'honneur et l'estime contraignaient l'obéissance; la honte et le mépris punissaient les coupables. La confiance publique désignait les chefs de guerre par l'élection; le mérite seul conduisait aux emplois, et le pouvoir durait autant que l'estime de la tribu. Aucun salaire, appât à la cupidité, n'était attaché aux fonctions élevées. Quand les guerriers partaient pour une expédition, c'était la voix claire de leur chef qui les encourageait, et non celle d'instruments sonores. Les symboles les plus simples, tracés sur la surface polie d'un arbre dépouillé de son écorce, rappelaient leurs exploits. C'étaient leurs trophées et leurs annales; c'étaient avec les chants de guerre les gardiens de la mémoire de leurs héros. Ils se croyaient au rang suprême dans l'humanité et supérieurs à tous les autres hommes. Une arrogance héréditaire inspirait à leurs jeunes guerriers un indomptable courage. Au temps où Hudson, John Smith et Champlain se trouvaient simultanément en Amérique, les Mohawks avaient étendu leurs courses depuis le Saint-Laurent jusqu'à la Virginie. La moitié de Long-Island leur payait tribut, et un de leurs sachems avait autorité dans la baie de Massachusetts. La position géographique de leurs demeures fixes comprenait sous leur joug immédiat les pointes de l'Hudson, une partie des rivières qui se jettent dans le Saint-Laurent et le golfe du Mexique, ainsi que les baies de Chesapeake et Delaware, ouvrait à leurs canots les plus vastes régions et les poussait dans le sentier de la guerre, jusqu'aux lieux où florissent aujourd'hui New-York et le commerce de la Pensylvanie. » (*Histoire des États-Unis*, vol. II, p 657.)

Niagara et, en 1640, Brébeuf les avait visitées. Peut-être même avait-il parcouru les villages des rives méridionales du lac Erié; toujours est-il que son voyage servit à parfaire la connaissance du bassin de Saint-Laurent. Nous devancions encore de ce côté les Anglais et les Hollandais qui occupaient la côte. « Cette
» partie de l'État de New-York, dit M. Bancroft,
» qu'arrosent les affluents de Saint-Laurent, a été
» visitée pour la première fois par les Français exclu-
» sivement. »

Charles Raimbault et Claude Pijart prirent aussi le chemin de l'Ottawa, dans leurs voyages chez les Algonquins du lac Nipissing. C'était vers la fin de l'été. « Ces tribus errantes se préparaient à célébrer la fête
» de leurs morts, et rassemblaient les os de leurs
» amis décédés pour leur donner une sépulture com-
» mune. Toutes les nations confédérées avaient été
» invitées à cette cérémonie. A l'approche du rivage,
» dans une baie profonde du lac Iroquois, leurs ca-
» nots s'avancent en rangs pressés, et les représen-
» tants des nations s'élancent sur la rive, poussant des
» exclamations et des cris de joie auxquels les ro-
» chers font écho. La longue cabane pour les morts
» avait été préparée; leurs ossements étaient dispo-
» sés délicatement dans des cercueils d'écorce et en-
» veloppés dans des fourrures qu'envierait le luxe
» de l'Europe. Toute la nuit, les chefs de guerre firent

» entendre leur chant de deuil auquel répondaient les
» lamentations des femmes. L'adieu aux morts, les
» danses, les conseils, les présents, tout avait eu lieu.
» Mais avant la dispersion de l'assemblée, les Jésuites,
» par leurs dons et leurs fêtes, s'étaient fait de nou-
» veaux amis et avaient reçu l'invitation de visiter la
» nation des Chippewas au Sault-Sainte-Marie[1]. »

Le compagnon de Raimbault dans cette excursion fut, cette fois, le P. Isaac Jogues. Partis en canot de la baie de Penetangushene, les missionnaires arrivèrent aux chutes Sainte-Marie après une navigation de dix-sept jours, au milieu des îles nombreuses du lac Huron. Deux mille Indiens les attendaient; leurs chefs les invitèrent à rester parmi eux et à y établir une mission permanente. Les missionnaires s'enquirent de plusieurs nations, entre autres des Nadowessies et des Sioux, qui n'avaient jamais été en contact avec les Européens et leurs prêtres. Ils se proposaient de les évangéliser. Le ministre Elliot ne devait s'occuper que cinq ans plus tard des tribus indiennes voisines du port de Boston. Raimbault voulut alors rejoindre les Algonquins du lac Nipissing. Mais la rudesse du climat et l'épuisement de ses forces l'en empêchèrent. « Dans l'été de l'année suivante, Raimbault descen-
» dit à Québec. Après avoir langui jusqu'en octobre,

---

1. *Histoire des États-Unis*, vol. II, p. 794.

» cet homme dévoué, dont l'âme s'était embrasée à
» l'espoir de porter l'Évangile à travers tout un conti-
» nent, au sein de la barbarie américaine et jus-
» qu'aux rivages de cet océan qui sépare l'Amérique
» de la Chine, vit arriver sa fin. Le corps de ce pre-
» mier apôtre du christianisme parmi les tribus du
» Michigan fut déposé dans le tombeau particulier que
» la justice de cet âge avait élevé à la mémoire de
» l'illustre Champlain [1]. »

Jogues, le collaborateur de Raimbault, s'était dirigé des chutes de Sainte-Marie aux missions huronnes, avec l'escorte d'Ahasistari et quelques autres guerriers. A son retour à Québec, il tomba dans une embuscade de Mohawks. Les compagnons de Jogues s'échappèrent en partie dans les forêts épaisses des bords du Saint-Laurent. Il eût pu faire de même ; mais n'était-ce pas perdre une occasion de prêcher l'Évangile aux sauvages ? Ahasistari avait gagné un lieu de refuge ; voyant la résolution de Jogues, il vint partager sa captivité. « Mon frère, lui dit-il, je t'ai fait le
» serment de partager ton sort, quel qu'il fût : mort ou
» vie ; je viens tenir ma promesse. » Pendant le trajet du Saint-Laurent à la rivière Mohawk, les Indiens leur prodiguèrent les injures et les mauvais traitements. On les faisait passer par les verges, on les laissait sans

---

1. *Histoire des États-Unis*, vol. II, p. 791.

nourriture pendant des jours entiers. Ils trouvaient encore des consolations dans ces épreuves.

Un épi de blé est jeté au bon père ! Quelques gouttes d'eau et de rosée adhèrent à sa large tige : c'est assez pour le baptême de deux catéchumènes. Trois Hurons et Ahasistari furent condamnés au feu, et le novice Goupil tué d'un coup de tomahawk. L'heure du martyre n'avait pas sonné pour Jogues. Épargné par les Indiens, les Hollandais le rachetèrent.

« Tel fut aussi le sort du P. Bressani : fait prisonnier en se rendant chez les Hurons, il fut traîné pieds nus à travers les ronces et les fourrés, déchiré de coups par un village entier, brûlé, torturé et témoin oculaire, enfin, du sort d'un de ses compagnons que les Peaux-Rouges dévorèrent après l'avoir fait bouillir. Une terreur mystérieuse protégea sa vie néanmoins, et il fut en dernier lieu racheté par les Hollandais [1]. »

Le gouvernement civil et les missionnaires firent, vers cette époque, de grands efforts pour pacifier les Indiens et se rendre favorables les cinq nations. Les Mohawks parurent un instant ralliés. « Nous avons,
» disaient-ils, jeté si haut dans l'air et au delà des
» nuages la hache de guerre, qu'aucun bras sur la
» terre n'est capable de la reprendre ; les Français
» dormiront sur nos couvertures les plus moelleuses,

---

1. *Histoire des États-Unis*, vol. II, p. 793, 794.

» au coin du feu que nous entretiendrons toute la
» nuit ; les ombres de nos braves tombés dans le com-
» bat sont entrées si avant dans la terre, qu'il est im-
» possible, désormais, d'entendre leurs cris de ven-
» geance. Je place, ajoutait Pieskaret, une pierre sur
» leurs tombes, afin que personne ne puisse remuer
» leurs os. » Paroles poétiques, mais décevantes ! Les Abenakis du Maine étaient plus sincères. Touchés par la charité de Silleri, ils avaient demandé des missionnaires. On leur envoya le P. Gabriel Dreuillettes, qui bâtit une chapelle vers l'embouchure du Kennebec. Jogues fut offrir l'amitié de la France aux Onondagas. A son retour, les Jésuites conçurent la pensée d'établir une mission permanente chez les Iroquois. Il fut choisi pour la fonder. « *Ibo et non redibo*, j'irai et ne viendrai pas, » dit-il en partant ; pressentiment qui ne devait point le tromper : les Mohawks le firent prisonnier et le condamnèrent à mort, comme enchanteur et destructeur de leurs moissons. Il reçut la mort avec calme. Sa tête fut placée sur les palissades du village et son corps jeté dans le Mohawk.

La guerre commença. Les Iroquois envahirent le territoire huron et attaquèrent les missions. « Le 4 juil-
» let 1648 au matin, alors que les guerriers étaient
» à la chasse et qu'il ne restait au village que les fem-
» mes, les enfants et les vieillards, le P. Antoine
» Daniel entend des cris de terreur. Il accourt et voit

» ses convertis, frappés d'épouvante, tomber victimes
» de la fureur des Mohawks. L'âge le plus tendre
» n'obtient pas merci, la faiblesse du sexe n'inspire
» point de pitié. Un groupe de femmes et d'enfants
» court vers lui pour échapper au tomahawk, comme
» si ses lèvres, messagères d'amour, pouvaient trou-
» ver des paroles capables d'arrêter la rage de l'en-
» nemi. Ceux qui jusqu'alors avaient dédaigné son
» ministère implorent la grâce du baptême. Il les
» exhorte à demander pardon à Dieu de leurs fautes,
» et plongeant son mouchoir dans l'eau, il baptise,
» par aspersion, la foule des suppliants. A ce moment
» même les palissades sont forcées. Fuira-t-il ? Il court
» d'abord aux wigwams pour baptiser les malades. Il
» donne ensuite une absolution générale à tous ceux
» qui la demandent et se prépare à sacrifier sa vie en
» obéissance à ses vœux. Le village est en feu et les
» Mohawks s'approchent de la chapelle. Daniel s'a-
» vance avec sérénité à leur rencontre. Saisis d'éton-
» nement, les barbares hésitent un instant, puis, re-
» culant, ils lui envoient une décharge de flèches. Dé-
» figuré, criblé de blessures, mais dominant par sa
» voix les clameurs des sauvages, il continuait à par-
» ler avec une énergie surhumaine, tantôt les mena-
» çant de la colère céleste, tantôt adoucissant ses ac-
» cents pour se faire apôtre de grâce et de miséricorde.
» Tels furent ses derniers moments jusqu'à ce qu'en-

» fin un coup de hallebarde lui donna la mort. Cette
» victime de l'héroïsme de la charité mourut le nom
» de Jésus sur les lèvres. Le désert lui fournit une
» tombe et les Hurons le pleurèrent [1].

Un an après, ces scènes de carnage et de désolation se reproduisaient dans le petit village de Saint-Ignace. Les habitants de Saint-Louis fuyaient dans les bois; les retardataires étaient massacrés. C'est à Saint-Louis qu'habitaient Brébeuf et Lallemand. Tous deux auraient pu fuir. Mais n'avaient-ils point aussi des catéchumènes à baptiser, des malades et des mourants à soutenir et à administrer? Les deux missionnaires ne voulurent pas laisser échapper cette occasion de conquérir la palme du martyre, qu'ils appelaient de tous leurs vœux et de toutes leurs prières. J'ai dit avec quels raffinements atroces de cruauté les Mohawks exaucèrent ces vœux.

La même année, le 7 décembre, les sauvages surprenaient la mission de Saint-Jean, dont le bourg principal comptait cinq à six cents familles, sous la direction du P. Charles Garnier. « Ce furent des
» cruautés inouïes. On arrachait à une mère ses en-
» fants pour les jeter au feu; d'autres enfants voyaient
» leur mère assommée à leurs pieds ou gémissante
» dans les flammes, sans qu'il leur fût permis ni aux

---

[1]. *Histoire des États-Unis*, vol. II, p. 796.

» uns ni aux autres d'en témoigner aucune compas-
» sion. C'était un crime de répandre une larme. Ces
» barbares, voulant qu'on marchât dans la captivité
» comme ils marchaient dans leur triomphe, un pau-
» vre mère chrétienne, qui pleurait la mort de son
» enfant, fut tuée sur la place. » Le P. Garnier court
droit à l'église, où il trouve quelques chrétiens.
« Nous sommes morts, mes frères, leur dit-il ; priez
» Dieu et prenez la fuite par où vous pourrez échap-
» per. Portez votre foi avec vous le reste de votre vie,
» et que la mort vous trouve songeant à Dieu. » Il
leur donne promptement sa bénédiction et vole de
nouveau au secours des âmes. Personne ne songeait à
la défense. Quelques-uns trouvent une issue favorable
à la fuite, et invitent le P. Garnier à les suivre. Il
refuse et continue de parcourir ce champ de carnage,
donnant l'absolution à ses néophytes, cherchant dans
les cabanes en feu les enfants malades et les catéchumènes pour les baptiser. Ce fut pendant l'accomplis-
sement de ces devoirs sacrés qu'il reçut la mort. Un
premier coup de feu l'atteignit un peu au-dessous de
la poitrine ; une autre balle lui traversa le bas-ventre
et la cuisse ; il s'affaissa. Son meurtrier le dépouilla
de sa soutane, et le laissa nageant dans son sang, pour
courir à la poursuite des fugitifs [1].

1. Ragueneau : *Relation de ce qui s'est passé en la Mission des pères de Jésus*; Paris, 1651, p. 30.

Loin d'attiédir l'ardeur des missionnaires, les massacres et les tortures semblèrent l'aviver. C'est à ce moment que le désir d'évangéliser les cinq nations elles-mêmes devint chez eux une idée tout à fait arrêtée. De l'obstacle, ils veulent faire jaillir le succès. Elles étaient bien faibles les chances de toucher le cœur de ces populations pillardes et guerrières. Le moment n'était guère propice, d'ailleurs. Enflés de leur triomphe sur les Hurons, munis d'armes à feu achetées aux Hollandais, les Iroquois en étaient venus à attaquer les Français eux-mêmes. Vainqueurs aux Trois-Rivières, dont ils avaient tué le gouverneur, et à Silleri, d'où ils avaient enlevé un prêtre, leurs détachements défilaient fièrement sous les murs de Québec. Ils avaient chassé les Ottawas de leurs anciennes demeures, et les avaient rejetés dans les forêts de la baie de Saginaw. N'importe. Les Jésuites disaient *Dieu le veut*, comme l'avaient dit les anciens croisés. Les PP. Lemoyne, Dablon, Dreuillettes, Mesnard et Chaumonot furent envoyés chez les cinq nations.

Quelques débris des tribus huronnes s'étaient mêlées aux Onondagas. Le P. Lemoyne retrouva donc des convertis dans les solitudes du nord et de l'ouest. Établi sur les bords du Mohawk, il commença ses prédications, au milieu de la tribu du même nom, la plus puissante de la confédération. Efforts stériles : quatre ans après son arrivée, les Mohawks le contraignaient à regagner Québec. Les Onondagas, qui avaient reçu la première visite de Jogues, se montrèrent moins insensibles. Ils accueillirent avec bienveillance les PP. Dablon et Chaumonot, et tinrent une assemblée générale, dans laquelle ce dernier remua les cœurs. Le lendemain, les chefs et les guerriers se pressaient autour des missionnaires. « Terre heureuse, chantaient-» ils, terre heureuse dans laquelle les Français vont » vivre ! » et le chef menait le chœur. « Bonnes nou-» velles ! bonnes nouvelles ! il est bien que nous ayons » parlé ensemble ; il est bon que nous ayons reçu des » messagers célestes. » En un jour, les Indiens bâtirent une chapelle. « Nos marbres et nos métaux précieux » sont des planches de sapin, disait Dablon. Mais on » trouve aussi bien le chemin du ciel sous un toit gros-» sier que sous des voûtes peintes et dorées ! » A la suite des missionnaires, cinquante Français vinrent s'établir sur le territoire des Onondagas. Les Cruyas et les Onéidas voulurent aussi un jésuite : ils reçurent l'intrépide P. Réné Mesnard. Chaumonot étendit son œuvre sur les territoires plus fertiles et mieux peuplés des Senecas.

Un résultat immense, surtout pour l'avenir, semblait atteint : à part les Mohawks, la confédération des cinq nations paraissait gagnée au christianisme et à la France. C'était compter sans la mobilité propre à ces races sauvages, et sans l'hostilité plus ou moins patente des colons de la Nouvelle-Angleterre. Une guerre avec les tribus du lac Érié et de l'Ohio ranima tous les instincts féroces des Iroquois. Les missionnaires revirent les scènes dont ils avaient eux-mêmes fait plus d'une fois le sanglant ornement : les villages détruits, les prisonniers scalpés et jetés aux flammes; leurs corps dévorés ! Les Onéidas massacrent trois Français; ceux-ci saisissent des Iroquois en représailles. Les Onondagas eux-mêmes se déclarent contre nous. C'en est fait de ces quatre ans d'efforts et de travaux. En même temps que les Mohawks chassaient le P. Lemoyne, nous étions contraints d'abandonner les missions de l'Oswego.

A la même époque, les Jésuites se lançaient dans les déserts de l'extrême ouest, *far west*, marquant, cette fois encore, la route de leur sang. Deux jeunes marchands de fourrures s'étaient, en 1654, aventurés, en compagnie d'Ottawas et d'autres Algonquins, dans la région des grands lacs. Ils avaient visité les Knistenaux, dont les villages s'étendaient jusqu'aux rivages de la mer du Nord, et les Sioux, fixés plus loin que le lac Supérieur. En 1656, ils rentraient à Québec accompagnés d'une flottille de cinquante canots, montés par cinq cents hommes. Ces Indiens demandaient l'amitié de la France, un traité de commerce avec elle, et des missionnaires pour leurs tribus. L'entreprise échut au P. Gabriel Dreuillettes, que nous avons déjà trouvé dans les forêts du Maine, et au P. Léonard Gareau, un vétéran des missions huronnes. Ils quittent Québec au milieu des cris de joie et de triomphe; c'étaient des cris d'adieu aussi. Les Mohawks attendaient leur flottille au-dessous de Montréal. Elle fut dispersée, et Gareau mortellement blessé dans l'action.

Le P. Réné Mesnard reprenait, quatre années après, l'œuvre si tragiquement interrompue de son confrère Gareau. Les peuplades de la baie Verte et des bords septentrional et occidental du lac Supérieur, visités par nos marchands de fourrures, sollicitaient notre protection contre les envahissements des Iroquois. Soixante canots chargés de pelleteries et trois cents Algonquins étaient venus à Québec à cet effet. Mesnard partit immédiatement avec eux. Ses préparatifs furent des plus simples. N'avait-il pas placé, comme il le disait lui-même, sa confiance dans cette Providence qui nourrit les petits oiseaux, « et habille les fleurs sau- » vages de la forêt? » Son âge et ses infirmités lui conseillaient le repos : il avait assez payé sa dette à son ordre et à l'Église pour refuser une mission qu'ambitionnaient tant de ses confrères, et que l'évêque de Québec, François de Laval, aurait voulu se réserver. Mais de pressants instincts, l'espoir du martyre le poussaient en avant. Dans trois ou quatre mois, écrivait-il à un de ses amis, vous pourrez me compter au nombre des morts. En octobre, il atteignit la baie qu'il nomma Sainte-Thérèse, et qui est peut-être la baie de Keweena, sur le rivage sud du lac Supérieur. Après y avoir résidé huit mois, il céda aux instances des Hurons réfugiés dans l'île Saint-Michel; et, faisant ses adieux aux Français et à ses néophytes, à tous ceux qu'il ne devait plus revoir sur la terre, il se dirigea, suivi d'un seul homme, vers la baie de Che-moi-me-Gon. Des relations semblent indiquer qu'il prit la voie du lac Keweena et de Portage. Là, pendant que son compagnon transportait leur canot, Mesnard se perdit dans la forêt, et on ne le revit plus. Longtemps après, sa soutane et son bréviaire étaient encore vénérés par les Sioux comme des amulettes. »

La troisième tentative d'exploration du *far west* est celle du P. Claude Allouez. La situation s'était un peu améliorée. Si les Mohawks persistaient dans leur inimitié implacable, les Senecas, les Cayugas et les Onondagas avaient reçu de nouveau le P. Lemoyne et conclu la paix avec nous. La compagnie des Cent-Associés, dont Richelieu avait fait partie, s'était démise de ses droits en faveur de Louis XIV, et Colbert avait concédé le Canada à la compagnie des Indes occidentales. Un régiment de troupes royales tenait garnison dans la colonie ; elle avait à sa tête trois hommes de cœur et de mérite : de Tracy, vice-roi, de Courcelles, gouverneur, et Talon, intendant. Les représentants de la France pouvaient désormais promettre aux tribus indiennes, qui recherchaient son amitié, une aide plus efficace et une protection moins stérile.

L'exploration d'Allouez dura deux ans, dont il ne déroba pas un seul jour à la poursuite de ses fins. Dans les deux premiers mois de son départ, il avait atteint la rivière *Sainte-Marie,* qui sert de déversoir à l'énorme nappe d'eau du lac Supérieur dans le lac Huron. Puis entrant dans le lac Supérieur, qui se déroulait dans son immensité à ses regards émerveillés, il avait célébré la messe sur la rive méridionale. Il avait offert aux Chippewas l'alliance de la France contre les Iroquois et les Sioux, leurs puissants ennemis, fondé dans la baie de Che-goi-me-Gon la mission du Saint-Esprit, et visité les débris des Ottawas et des Hurons, errant dans les solitudes marécageuses du nord du lac Supérieur. Les Potawatomies vinrent à lui, des profondeurs encore inexplorées du Michigan ; les Sacs et les Renards, de leurs territoires, abondant en daims, en buffles et en castors. Les Illinois, race hospitalière, qui n'avait point de canots et ne connaissait d'autres armes que l'arc et la flèche, les Illinois, dont les rangs s'étaient éclaircis sous les coups des Iroquois et des Sioux, lui confièrent leurs peines. « Leur pays, » dit le missionnaire, est le meilleur champ pour » l'Évangile. Si j'en avais eu le loisir, je serais allé

» chez eux, pour vérifier de mes propres yeux tout le
» bien qu'on m'en avait dit. » A l'extrémité ouest du
lac, sur les bords d'une grande rivière que les Indiens
nommaient Mississipi, Allouez avait rencontré les tribus des Sioux, qui se nourrissaient de riz sauvage et
couvraient leurs toits en peaux de bêtes, au lieu de
planches de bois.

Deux jours après son retour à Québec, Allouez en
repartait en compagnie du P. Nicolas. Il retournait à
Che-goi-me-Gon, tandis que les PP. Dablon et Marquette établissaient, chez les Chippewas, la mission du
Sault-Sainte-Marie. Les noms de ces trois hommes restent inséparables dans l'histoire. Ils sont parvenus à la
gloire humaine sans avoir jamais songé qu'à celle de
Dieu. L'aiguillon du devoir et de la charité les avait
poussés dans le désert : la foi dans la Providence leur
donna la force de supporter les épreuves d'une vie
toute de misères, de privations et de dangers.

CHAPITRE III

LA VALLÉE DU MISSISSIPI

Sommaire. — Le Mississipi : sa première découverte, sa deuxième exploration; Joliet et le P. Marquette. — Découverte de ses bouches : Robert de la Salle. — Premiers essais de colonisation : deuxième expédition de la Salle et sa mort.

Le Mississipi est un des plus grands fleuves de l'Amérique et du monde entier. Ses nombreux affluents, dont quelques-uns, le Missouri, l'Ohio, l'Illinois, l'Arkansas et l'Alabama, sont eux-mêmes de puissants cours d'eau, donnent à son bassin une surface de 18,000,000 de kilomètres carrés, soit un septième environ de la superficie totale de l'Amérique du Nord. Depuis sa source, au lac d'Itisca, dans les montagnes Bleues, contrefort des Alleghanys, jusqu'à son embouchure dans le golfe du Mexique, au-dessus de la Nouvelle-Orléans, son cours est de 5,120 kilomètres, et de 7,000, si l'on y joint celui du Missouri, son principal affluent, que les géographes ont plus d'une fois confondu avec lui. Célèbre dans les traditions locales et consacré par les souvenirs poétiques d'*Atala* et de *Chactas*, le *père des eaux* (Meschacebé), comme l'appelaient les Peaux-Rouges, traverse quelques-unes des parties les plus fertiles, les plus industrielles et les plus populeuses de l'Union.

L'honneur de la découverte de ce fleuve appartient sans conteste aux Espagnols. Ainsi, Ferdinand de Soto avait, dès 1541, traversé les contrées riveraines du Missouri, de la Washita et de la rivière Rouge, et pénétré l'année suivante dans le Mississipi lui-même, jusqu'à l'endroit vraisemblablement qui a gardé son nom. Épuisés de fatigue, affamés, perdus dans des bois immenses, où les Indiens les égaraient à plaisir, les compagnons de Soto, privés de leur chef et réduits à une poignée d'hommes, avaient même conçu et exécuté une entreprise des plus hardies et presque désespérée. Ils avaient, sur leurs brigantins, descendu le fleuve jusqu'à son embouchure, et, de là, regagné péniblement les rivages du Mexique. Les missionnaires qui avaient succédé aux aventuriers n'avaient pas été plus heureux. En 1549, Louis de Cancello, dominicain, avait frété un vaisseau qui portait des missionnaires et des esclaves indiens rendus à la liberté. Mais les naturels accueillirent mal ces premiers apôtres de l'Évangile. Cancello fut tué avec deux de ses compagnons, et il ne resta plus dans le vaste bassin du Mississipi de trace visible des entreprises des Européens.

Marquette, à qui Allouez avait sans doute rapporté les merveilleux récits des Indiens sur le Père des Eaux, résolut de l'explorer et de planter solidement sur ses bords la croix qui n'y avait fait qu'une apparition éphémère. Il avait conçu ce projet en 1669. Mais quatre ans se passèrent encore sans qu'il pût le mettre à exécution. Ce temps ne fut du reste perdu ni pour la religion ni pour la France. Les peuplades riveraines du lac Supérieur et des sources de la rivière Rouge et du Mississipi, s'assemblèrent aux chutes Sainte-Marie. Elles se placèrent sous la protection du roi de France, représenté par Saint-Lusson, délégué de l'intendant Talon, à qui Allouez servait d'interprète. « Au milieu
» des bouquets d'érable, de pins et d'ormes, et des
» touffes de ciguë qui s'entrecroisent étrangement,
» sur les bords de la belle rivière de Sainte-Marie, on
» avait dressé une croix en cèdre à l'endroit où, bon-
» dissante, elle précipite ses eaux blanches et écu-
» meuses. Les Français défilèrent processionnelle-
» ment en face des sombres massifs, toujours verts,
» des îles du Canal, et s'inclinèrent devant l'emblème
» de la Rédemption, chantant à sa gloire un hymne
» du XVIIe siècle :

« Vexilla regis prodeunt
« Fulget crucis mysterium. »

« Les drapeaux du Roi du ciel s'avancent; il brille,

» *le mystère de la croix.* » A côté de la croix, on éleva
» une colonne en cèdre marquée aux lis de la France[1]. »
Marquette bâtit une chapelle à la pointe de Saint-Ignace, au nord de la péninsule du Michigan, lieu très-froid, mais important, comme clef des communications avec l'ouest, et très-fréquenté par les Algonquins. Allouez et Dablon s'engagèrent dans le Wisconsin oriental et septentrional, visitant les Mascoutins, les Kickapoos, les Miamis. Ces derniers, alors en guerre avec les Sioux, prièrent les Jésuites d'appeler la victoire sur leurs armes. Allouez termina l'excursion par une pointe jusqu'aux huttes des Renards, sur la rivière de ce nom.

La grande rivière, disaient les Indiens Potawatomies, est pleine de monstres qui dévorent les hommes et les canots. Les nombreux guerriers des tribus riveraines n'épargnent personne, le climat est mortel. « Je donnerai volontiers ma vie pour le salut des âmes, » répondit simplement le P. Marquette, et il se mit en route, accompagné de Joliet, dont le nom ne fait qu'un avec le sien, et de cinq autres Français. Arrivés au dernier village connu des Français sur la rivière du Renard, nos pèlerins furent reçus dans l'assemblée des anciens. « Mon compagnon, dit Marquette,
» est un envoyé de la France, à la recherche de pays ;
» moi, je suis un ambassadeur de Dieu, chargé d'illu-

---

1. *Histoire des États-Unis*, t. II, p. 807.

» miner les habitants de ces pays des clartés de
» l'Évangile. » En retour de leurs présents, ils reçurent des Indiens une natte pour leur servir de couche pendant le voyage et deux guides algonquins. Le 10 juin 1673, leurs canots sur le dos, ils traversaient l'étroit *portage* [1] qui sépare la rivière Renard du Wisconsin; ils s'embarquaient sur cette dernière rivière, sans leurs guides. « Ceux-ci, dit Marquette, nous
» avaient laissés seuls, sur cette terre inconnue, en-
» tre les mains de la Providence. » Sept jours après, ils entraient dans le grand fleuve, le cœur plein d'une joie « qui ne saurait s'exprimer. »

Soixante lieues environ au-dessous du confluent du Wisconsin et du Mississipi, la rive occidentale du grand fleuve portait des traces d'homme; un petit sentier se montrait, conduisant à une belle prairie. Laissant leurs canots, Joliet et Marquette se décidèrent à risquer, seuls, une rencontre avec les sauvages. Après une marche de six milles [2], ils aperçurent trois villages, l'un sur une rivière, les autres sur une éminence et distants d'un mille et demi du premier. La rivière était le Mou-in-gou-e-na, ou Moingoua, qu'on appelle aujourd'hui, par corruption, la rivière des Moines. « Marquette et Joliet étaient les premiers

---

1. On appelle PORTAGE ces bandes de terres, qui séparent deux rivières l'une de l'autre, et que les Indiens franchissaient en portant leurs canots sur leur dos.

2. Le mille anglais ou américain répond à 1609 mètres.

» blancs qui eussent foulé le sol de l'Iowa. Se recom-
» mandant à Dieu, ils poussèrent un long cri. Les
» Indiens l'entendent; quatre vieillards, parés de
» plumes brillantes, aux couleurs variées et portant le
» calumet de paix, s'avancent à leur rencontre : « Nous
» sommes Illinois, dirent-ils, ce qui voulait dire nous
» sommes hommes; » puis ils offrirent le calumet.
» Un vieux chef les conduisit à sa cabane, levant les
» mains et s'écriant : « Que le soleil est radieux en ce
» jour où vous venez à nous, ô Français! Tout notre
» village vous attend; vous entrerez en paix dans
» toutes nos demeures. » La foule des Indiens suivait
» les pèlerins de regards avides. »

« Au grand conseil, Marquette proclama le seul vrai Dieu, créateur du monde. Il parla également du grand capitaine des Français, le gouverneur du Canada, qui avait châtié les cinq nations et les avait forcées à la paix. Il questionna ses hôtes sur le Mississipi et les tribus maîtresses de ses rives. Un magnifique banquet, composé de poissons, de gâteaux de miel et des meilleures viandes de la prairie, fut offert à ces messagers de la défaite des Iroquois. Après un séjour d'une semaine, le chef de la tribu, suivi de nombreux guerriers, accompagna les Français à leurs canots, en les invitant à revenir, et suspendit aux vêtements de Marquette le calumet sacré, mystérieux symbole de la paix et de la guerre. »

Poursuivant le cours de son voyage, la petite troupe dépassa le confluent du Missouri et celui de l'Ohio. La scène changeait ici : des roseaux, impénétrables aux buffles mêmes par leur force et leur épaisseur, et des forêts immenses s'étendant jusqu'aux grèves du fleuve remplaçaient les prairies. La chaleur était intolérable et les moustiques acharnés. Les dispositions des naturels ne semblaient pas non plus celles des Illinois hospitaliers du Wisconsin et des Shawnees paisibles de l'Ohio. Au village de Mitchigamea, ils vinrent, armés de flèches, de massues, de haches et de boucliers, à la rencontre de Marquette. A la vue de son mystérieux calumet, ils se calmèrent cependant, et firent à leurs visiteurs une réception cordiale. Un de leurs canots les escorta même jusqu'au village d'Akansea. Ce fut le terme de l'expédition. Sans interprètes, au milieu des Sioux et des Chickasas, ayant acquis la certitude que le Mississipi ne se jetait ni dans l'Atlantique, sur la côte est de la Floride, ni dans le golfe de Californie, mais bien dans le golfe du Mexique, Marquette et Joliet remontèrent le fleuve. Chemin faisant, ils entrèrent dans l'Illinois, un des chefs des tribus riveraines les reconduisit au lac Michigan, et avant la fin de septembre, ils se trouvaient en sûreté dans la baie Verte.

Joliet revint annoncer à Québec cette découverte, dont le bruit, transmis par Talon, avait éveillé l'am-

bition de Colbert. Le modeste Marquette continua de prêcher l'évangile aux Miamis qui habitaient, au nord de l'Illinois, les environs de Chicago. « Deux ans plus
» tard, faisant voile de Chicago à Mackinaw, il entra
» dans une petite rivière de Michigan. Il y éleva un
» autel, où il célébra la messe, d'après les rites de
» l'Église catholique ; puis, priant les conducteurs de
» son canot de le laisser seul une demi-heure, dans
» les ténèbres du bois, au milieu du froid et du si-
» lence, il s'agenouilla et offrit au Tout-Puissant ses
» actions de grâce et ses supplications. Au bout de la
» demi-heure, on alla le chercher : il n'était plus.
» Le bon missionnaire, inventeur d'un monde, était
» tombé endormi de l'éternel sommeil sur le bord du
» cours d'eau qui porte son nom. Les Indiens creu-
» sèrent sa tombe dans le sable, près de l'embouchure
» de la rivière. Longtemps après, *les coureurs des*
» *bois*, en danger sur le lac Michigan, invoqueront
» son nom. Les peuplades de l'ouest lui élèveront un
» monument [1]. »

Quand les Français se furent étendus sur les bords du Sorel, ils s'occupèrent de fortifier, du côté du lac Ontario, les abords du Saint-Laurent. Lors de la mort du P. Marquette, le fort qu'avait fait bâtir Frontenac et qui portait son nom, avait pour commandant Robert

---

1. *Histoire des États-Unis*, t. II, p. 810, 811, 812.

Cavalier de la Salle, jeune gentilhomme français. Entré de bonne heure chez les Jésuites, contre le gré de sa famille, de la Salle y avait fait de bonnes études et s'y était distingué par son zèle et la pureté de ses mœurs. Cependant, il les avait quittés, sans prononcer de vœux, et était venu chercher dans le Nouveau-Monde une vie qui convenait bien à ses penchants aventureux, à ses goûts belliqueux et à ses désirs de fortune et de gloire. Arrivé au Canada, il avait tout d'abord exploré les lacs Erié et Ontario ; puis, il avait réussi à grouper, autour du fort Frontenac, quelques éléments de colonisation : des Français, des missionnaires franciscains, réapparus en Amérique, et des familles d'Iroquois. L'œuvre prospérait, quand les récits de l'exploration de Marquette et de Joliet vinrent enflammer cette imagination, que tourmentaient sans cesse les prouesses des grands navigateurs des deux siècles précédents. De la Salle partit pour la France et en revint, avec des lettres patentes, contresignées de Seignelay, qui lui accordaient le monopole du commerce des peaux de buffle et l'autorisation de parfaire l'exploration du grand fleuve.

Le centre de l'expédition nouvelle fut la rivière Niagara ; c'est là qu'il établit un comptoir et amena une partie de ses compagnons sur une barque de dix tonneaux, la première qu'ait vue cette rivière. C'est de là que Tonti, son lieutenant, et le franciscain Hennepin établirent des relations d'amitié avec les Senecas, tandis que la Salle lui-même envoyait un petit détachement préparer sa voie dans l'Illinois. C'est là, enfin, qu'au grand étonnement des Indiens, au bruit de l'artillerie et au chant du *Te Deum*, on lança un petit bâtiment de soixante tonneaux, le *Griffon*, sur lequel la Salle, Tonti, Hennepin et leurs compagnons s'embarquèrent, le 7 août 1679, pleins de confiance et d'espoir.

Ils ne furent pas trompés tout d'abord. Après avoir traversé heureusement le lac Érié, la rivière Détroit sur les bords de laquelle la Salle eut l'idée de fonder un établissement, le lac et la rivière Saint-Clair, le lac Huron, et après avoir établi un comptoir à Mackinaw, à l'entrée du lac Michigan, le *Griffon* jeta l'ancre dans la baie Verte. De là, renvoyant son bâtiment à Niagara, et divisant sa troupe en petits détachements, la Salle revint en canots à l'entrée du Michigan, et bâtit en attendant un comptoir fortifié connu sous le nom de fort des Miamis, à l'embouchure du Saint-Joseph, sur cette pointe même où le P. Allouez avait établi un village de cette tribu. On sonda l'embouchure du Saint-Joseph et on planta des bouées pour en marquer le chenal. C'étaient des jalons pour l'avenir. Mais le *Griffon*, tant désiré, ne reparaissait pas. Impatient, la Salle laisse une dizaine d'hommes à la garde du fort des Miamis, et se décide à pénétrer lui-même, avec

Tonti, le P. Hennepin, deux autres franciscains et trente hommes, dans le Kankakée. Descendant ce cours d'eau, ils arrivaient, à la fin de décembre, à un village indien, sur l'Illinois, non loin sans doute d'Ottawa, dans le comté qui a reçu et garde encore de nos jours le nom de la Salle lui-même.

Suivant leur coutume dans la saison d'hiver, les naturels étaient à la chasse. C'étaient des Illinois ; ils présentèrent aux visiteurs le calumet, demandant en échange des haches et des armes à feu, et revendiquant la protection de la France contre les Iroquois. Ils parurent contents des projets d'établissement de la Salle dans leur contrée, donnèrent des renseignements sur le Mississipi et s'offrirent pour guider la troupe jusqu'à son embouchure. La Salle avait su gagner la confiance des Indiens, seul gage du succès de son entreprise. Mais le *Griffon* n'apparaissait toujours pas; et sa perte devenait probable. Les hommes de la Salle se désespéraient. En vain leur montrait-il l'union comme le seul moyen de salut, en vain rendait-il à chacun sa liberté pour le printemps. Rien ne relevait leur courage et leur énergie. Plus heureux que Colomb dans sa vice-royauté de Saint-Domingue ou sur les rivages de la Jamaïque, la Salle n'eut pas à combattre une mutinerie ouverte. Mais le nom de *Crèvecœur* donnée par lui au fort qu'il bâtit sur les bords de l'Illinois, à quatre journées du lac Péoria, révèle trop éloquemment les sentiments d'amertume qu'avaient éveillés en lui l'abattement et le mauvais vouloir de ses compagnons.

L'immense puissance de la volonté se révéla tout entière dans cette crise. Livré à lui-même, à quinze cents milles de l'établissement français le plus proche, entouré dans le désert de tribus d'une foi équivoque, sans espoir du côté de Québec, il sut encore inspirer à ses hommes la résolution de construire une barque. Il interrogea les Illinois et leurs captifs du sud sur le cours du fleuve et put former des conjectures sur la rivière Tennessee. Il partit enfin au mois de mars, pour le fort Frontenac, où il allait chercher des cordages et des agrès pour sa barque. Trois hommes l'accompagnaient, armés comme lui d'un mousquet et chaussés de mocassins. La petite troupe suivit le pied de la chaîne des collines qui sépare le bassin de l'Ohio du bassin des lacs, traversant les forêts, les marais, les neiges fondantes, n'ayant pour boisson que l'eau des sources et pour nourriture que les produits de sa chasse.

Pendant ce temps, Hennepin, porteur du calumet et suivi de du Gay et de Michel d'Acault, descendait l'Illinois jusqu'à sa jonction avec le Mississipi, et remontait celui-ci, non point jusqu'à sa source comme il le crut, mais au delà seulement du confluent du Wisconsin. Il donna aux grandes chutes du Mississipi le nom de Saint-Antoine de Padoue, et grava, sur un arbre, près d'elles, la croix et les armes de France. Fait prisonnier des Sioux pendant une de ses excursions dans le désert, et bientôt relâché, il regagna, par le Wisconsin et la rivière Renard, la mission française de la baie Verte. Tonti, de son côté, bâtissait un fort sur un rocher qui dominait l'Illinois et tout un riche et beau pays, couvert de prairies verdoyantes et des plus beaux arbres de l'Amérique. Mais, suscités par les ennemis de la Salle, les Iroquois vinrent troubler l'entreprise, qui dut finalement être abandonnée, au moment même où les ouvriers désertaient les travaux du fort Crèvecœur. Tonti et ses quelques hommes se réfugièrent au lac Michigan, où ils furent recueillis par les Potawatomies. Un vieux père franciscain, Gabriel de la Ribourde, resta seul à Rock-Fort.

Revenu de Frontenac, avec de grands moyens en hommes et en approvisionnements, de la Salle passa une année à visiter la baie Verte, à trafiquer avec les Indiens, à retrouver Tonti, à construire enfin une grande barque. Il descendit alors le Mississipi jusqu'à la mer. « Son œil sagace discerna les curieuses res-
» sources de cette superbe contrée. En élevant une
» cabane sur la première hauteur du territoire Chik-
» kasa, en dressant la croix sur les bords de l'Ar-
» kansas et en arborant les armes de France près du
» golfe du Mexique, il devinait la future affluence

» d'émigrants, et croyait entendre les pas de cette
» multitude en marche pour venir prendre possession
» de la grande vallée du Mississipi. En même temps, il
» en revendiquait le territoire pour la France et lui
» donnait le nom de Louisiane [1]. »

Seignelay, héritier des idées et des plans de son illustre père, ne fut pas plus tôt informé des découvertes de la Salle qu'il s'occupa de les coloniser. Dans les premiers mois de 1684, une flotte partait pour les bouches du Mississipi. Elle comprenait quatre vaisseaux portant deux cent quatre-vingts personnes, prêtres, soldats, volontaires, ouvriers, jeunes femmes mariées. L'ordre de Saint-François et le séminaire de Saint-Sulpice avaient fourni par moitié les missionnaires, dont l'un, sulpicien, était neveu de la Salle. On comptait deux de ses autres neveux, le jeune Cavalier et Moranget, parmi les trente volontaires. Joutel commandait les soldats et Beaujeu la flotte. Les ouvriers appartenaient à divers métiers. Malheureusement, ils étaient peu habiles, et les soldats étaient de cette race turbulente et indisciplinée, qui fournissait alors aux colonies leurs garnisons, comme auparavant elle avait fourni aux princes et aux cités leurs troupes mercenaires, leurs condottieri et leurs reîtres. Les plus folles espérances guidaient les volontaires, impatients

---

[1]. *Histoire des États-Unis*, t. II, p. 817.

eux aussi de toute règle et de tout frein. Enfin si Joutel, qui a été l'historien de l'expédition, était un soldat brave, instruit et dévoué à ses devoirs, Beaujeu manquait de jugement et de capacité. Sa présomption, sa jalousie, son égoïsme, son orgueil démesuré le rendaient peu propre à comprendre l'héroïsme magnanime de la Salle, à sympathiser avec ses vues et à remplir ses volontés.

Les ennuis de la Salle commencèrent à Saint-Domingue. Beaujeu y retint l'escadre aussi longtemps que possible; en mer, leurs rapports s'aigrirent de plus en plus. Le cap Saint-Antoine est doublé, la terre en vue. Au lieu de suivre à l'est la direction du *Gulf-Stream*, que Beaujeu connaissait cependant, l'escadre fait lentement route dans le sens opposé. Le 10 janvier 1685, elle devait être en vue des bouches du Mississipi. La Salle ne le croit pas, et l'escadre les dépasse. Il reconnaît son erreur et veut virer de bord. Beaujeu s'y oppose, et, gouvernant de plus en plus à l'ouest, les vaisseaux arrivèrent à la baie de Matagorda. Fatigué de son désaccord avec Beaujeu, et pensant que quelques-uns des cours d'eau qui se déversent dans cette baie sont des branches du Mississipi, la Salle débarque. Le bâtiment, chargé de ses approvisionnements, fait côte par la négligence du pilote. La Salle et ses hommes se jettent dans des canots empruntés aux autres vaisseaux, spectateurs indifférents de son malheur, et ils tentent de sauver le plus précieux au moins de la cargaison. Mais la nuit vient et avec elle un coup de vent qui met en pièces le navire. La Salle voit la mer emporter ses munitions, ses marchandises, ses outils, son argent, et, du même coup, ses projets et ses espérances. Pour compléter le désastre, les Indiens accourent au pillage des épaves et massacrent deux volontaires. La terreur envahit la troupe des colons, qui se répandent en imprécations contre la Salle, et lui imputent le coup de vent et le naufrage. A leur fureur il oppose un calme stoïque, et gardant dans cette lutte contre le malheur une incomparable sérénité, il parvient à les rassurer. Bientôt la flotte mettait à la voile, laissant sur les grèves de la baie de Matagorda une troupe d'environ deux cents personnes réunies dans un mauvais fort construit avec les débris du vaisseau, et n'ayant plus d'espoir que dans le génie et la persévérance de la Salle. Épreuves et grandeur d'âme qui rappellent Colomb, lancé, avec ses trois faibles caravelles, sur l'immensité de l'Océan, et luttant contre l'incrédulité et l'indiscipline de ses équipages, presque en vue du monde qu'il va découvrir !

En remontant un de ces cours d'eau qu'il avait pris pour une des branches du Mississipi, et qui avaient causé son fatal débarquement, la Salle trouva un lieu propice à l'établissement d'un poste fortifié. L'endroit avait l'aspect le plus riant et le plus fertile : des gazons verdoyants, des bosquets d'arbres en formaient l'horizon d'un côté; et de l'autre, les rivages de la baie de Matagorda bordés de prairies. Les forêts abondaient en gibier et les eaux en poisson. Le daim, le bison, le dindon sauvage et, malheureusement aussi, le terrible serpent à sonnettes habitaient la plaine. C'est là, qu'avec les bois du pays et quelques pièces de fer échappées au naufrage de la baie de Matagorda, les colons se construisirent un refuge dont la Salle fut l'architecte. La France se trouva ainsi prendre possession du Texas, qu'elle a toujours considéré, sans y avoir pourtant jamais exercé de droits utiles, comme une annexe de la Louisiane, et qu'en 1803 elle a cédé avec celle-ci à l'Union américaine.

Retrouver le Mississipi était la pensée fixe de la Salle. Au commencement de 1686, il s'engagea de nouveau sur un canot dans cette recherche. Après quatre mois d'absence, il revenait en haillons, ayant perdu quatorze hommes sans avoir vu la « fatale » rivière.

En avril, il repartait avec vingt compagnons qu'attirait surtout le mirage des mines de Sainte-Barbe, dans le Mexique septentrional. A son retour, il apprit la perte du seul canot qui restât à la petite colonie. Les désastres se succédaient sans pouvoir abattre ce courage indomptable. C'est en ce moment même qu'il conçut le projet hardi, presque désespéré, de regagner à pied le Canada par le nord, de revenir ensuite au Texas par la même voie.

Sa colonie était réduite à trente-six hommes. Il en laissa vingt à la garde du fort Saint-Louis, et, prenant le reste avec lui, il se mit en marche, ses bagages chargés sur cinq chevaux sauvages dont les Cenis, peuplade mexicaine des environs de Sainte-Barbe, lui avaient fait présent. La petite caravane parvint, à travers des obstacles, des fatigues et des dangers incessants, à une branche de la rivière de la Trinité, au-dessus du bassin du Colorado, le grand fleuve californien. « Deux hommes, dans la troupe, Duhaut et
» l'Archevêque, avaient engagé leur avoir dans l'en-
» treprise. Duhaut, impatient de tout contrôle et
» surexcité par la souffrance, montrait depuis long-
» temps un fâcheux esprit de mutinerie. Sa basse
» méchanceté et son avarice avaient éveillé en lui la
» haine la plus féroce contre la Salle. En invitant
» Moranget à se charger des dépouilles d'un buffle tué
» à la chasse, Duhaut et l'Archevêque lui cherchèrent
» querelle et l'assassinèrent. Étonné du retard de son
» neveu, la Salle vint à sa recherche, le 11 mars.
» Sur les bords de la rivière, il aperçut des aigles qui
» semblaient planer sur un cadavre, et il tira un coup
» de feu d'alarme. Avertis par la détonation, Duhaut
» et l'Archevêque traversèrent la rivière. Le premier
» se tapit dans l'herbe de la prairie. Où est mon neveu?

» demanda la Salle au second. » Comme il allait répon-
» dre, Duhaut fit feu, et la Salle tomba mort, sans
» prononcer un mot « Te voilà maintenant à bas, grand
» pacha ; te voilà mort, » cria un des meurtriers, et
» ils le dépouillèrent de ses vêtements, laissant dans
» la prairie, à la merci des bêtes fauves, son corps nu
» et sans sépulture. Telle fut la fin de ce vaillant
» explorateur. Par la force de sa volonté, l'ampleur de
» ses conceptions, la variété de ses connaissances, et
» l'aptitude de son génie à surmonter les plus grandes
» difficultés, par sa résignation aux volontés du ciel et
» son héroïque fermeté dans le malheur, par l'énergie
» de ses résolutions et son infatigable persévérance, il
» égalait les plus grands de ses concitoyens. Il avait
» conquis l'affection du gouverneur du Canada, l'estime
» de Colbert, la confiance de Seignelay, la faveur de
» Louis XIV. Après avoir commencé la colonisation du
» Haut-Canada, il acheva la découverte du Mississipi,
» depuis les chutes Saint-Antoine jusqu'à son em-
» bouchure. On se souviendra de lui à travers les âges,
» comme du père de la colonisation dans la grande
» vallée centrale de l'ouest [1]. »

Le sang de la Salle ne suffit pas à calmer la rage
de ces bandits. Duhaut et un de ses associés furent
massacrés pendant qu'ils se disputaient ses dépouilles.

1. *Histoire des États-Unis*, t. II, p. 821-822.

Le frère de la Salle, un de ses neveux, Joutel et cinq de leurs hommes, réussirent, à travers mille obstacles, à gagner une branche du Mississipi. Là ils aperçurent une croix sur une île. Auprès de la croix s'élevait une hutte de bois. Tonti avait descendu la rivière, et, consterné de ne point trouver la Salle, s'était établi près de l'Arkansas. Une femme indienne ensevelit les restes mortels de la Salle et suspendit sur sa tombe des offrandes de maïs.

J'ai fait de mon mieux dans les pages qui précèdent pour rendre un juste hommage à des hommes dont nous devons d'autant plus conserver la mémoire qu'ils n'ont pas recherché la gloire de ce monde, se contentant, dans leur foi et leur humilité, du témoignage de leur conscience et de la satisfaction du devoir accompli. J'ai raconté l'intrépidité, le zèle, l'abnégation de ces missionnaires, qui abandonnaient leurs cloîtres tranquilles et leur patrie, pour porter la parole du salut au sein des peuplades farouches du nouveau continent. J'ai fait voir leurs découvertes dans ces contrées inconnues et presque inaccessibles, les progrès que le christianisme a dus à leurs travaux apostoliques, et l'éclat nouveau qui en a rejailli sur le nom de notre France chérie. Cette esquisse cependant serait incomplète si je n'ajoutais que l'évangélisation des Indiens, les voyages d'exploration et les soins de la colonisation n'ont pas absorbé toute l'activité des missionnaires. L'histoire et la philologie leur sont redevables de nombreux écrits pleins de faits, d'enseignements et de récits aussi fidèles qu'intéressants. Le Père de Charlevoix a été l'historien de la Nouvelle-France et des établissements espagnols à Saint-Domingue. Son livre est une mine de renseignements où M. Bancroft reconnaît avoir largement et avantageusement puisé. On doit au P. du Tertre une histoire précieuse des tutelles françaises ; au P. Labat de curieux renseignements sur ces colonies. Le franciscain Mambré, les jésuites Gravier, Dumont, Du Pratz, Le Jeune, Mermet, Rasle et tant d'autres dont les noms m'échappent, ont consigné dans leurs lettres et leurs mémoires des détails précieux sur les mœurs et les habitudes des Peaux-Rouges. Ils ont jeté des lumières durables sur les nombreux et bizarres idiomes du continent américain, depuis le détroit de Behring jusqu'à la Terre de Feu, idiomes féconds en problèmes pour la curiosité et la science, et qu'un ecclésiastique, M. l'abbé Brasseur de Bourbourg, a récemment abordés dans un livre, qui le place au premier rang dans la philologie et l'ethnologie.

L'histoire de la colonisation de l'Amérique du Nord est en partie l'histoire de la lutte des deux grands peuples qui s'y sont de bonne heure rencontrés. Cette lutte, que nous allons voir se dessiner et bientôt éclater dans toute sa force, prendra naissance dans l'avidité mercantile et commerciale que l'on retrouve au fond de tous les plans de conquête et d'envahissement de l'Angleterre. Les marchands de la cité de Londres pèseront sur les résolutions de Guillaume d'Orange, comme dans l'Inde, au XVIII° siècle, ils ont pesé sur les tristes exploits des Warren Hastings et des Clive, et, de nos jours, en Chine, sur la conduite de l'amiral Napier. L'Angleterre ne néglige aucun moyen de succès. Elle inonde en ce moment l'Australie et l'Océanie de plus de bibles et de missionnaires que de marchandises et de douaniers. Ces bibles à bon marché, ces missionnaires qui voyagent avec toutes leurs aises, ont beaucoup servi la suprématie commerciale de la vieille et joyeuse Angleterre, *old Merry England*. Aussi peut-on se demander si elle ne les a pas employés dans les solitudes du Nouveau-Monde. La réponse de l'histoire est négative. Les fils de ces puritains qui avaient cherché en Amérique un refuge contre l'intolérance de l'*establishment* anglican, un coin de terre pour y prier Dieu librement, disaient-ils, n'ont guère songé à porter sa parole au milieu des Indiens; s'ils n'ont pas, à l'occasion, tremblé devant les tortures, ils ne sont point allés les affronter au sein des forêts vierges et jusque dans les wigwams. Il manquait à ces âmes stoïques et pures, mais étroites et froides, l'élan et l'enthousiasme qui gagnent les cœurs ignorants et domptent les âmes rebelles. Clarke, Elliot, Roger Williams honorent assurément l'humanité. Mais ce sont des sages, des philosophes plutôt que des apôtres. Sans vouloir blesser aucune conviction sincère ni me montrer injuste à l'égard du clergé protestant, je ne saurais lui reconnaître la vocation particulière des missions. Les ministres de la réforme sont, en général, des gens instruits, honnêtes, dévoués à leurs devoirs dans l'enceinte de leur église et dans le cercle de leur troupeau. Mais ils sont pères de famille; de là, malgré eux, certaine attache aux biens de ce monde, et certain souci de la vie incompatibles avec les devoirs du sacerdoce et les périls de l'apostolat. La famille du prêtre catholique, c'est celle de son maître, c'est l'humanité entière. Le Christ veut que ses ministres soient tout à lui, partout et toujours. Ne prenez pas sa croix, si vous la trouvez trop lourde : mais si vous l'avez prise, tâchez de la porter jusqu'au bout. L'isolement du monde, la renonciation aux joies de la famille font partie intégrante de la force et de la grandeur du sacerdoce.

L'Angleterre a le droit d'opposer ses grands hommes aux nôtres : Shakspeare à Molière et Corneille; Newton à Descartes; Chatam à Richelieu. Elle peut à juste titre être fière de ses marins, Blake, Nelson, Cook, comme nous le sommes de Duquesne, de Suffren et de La Peyrouse. Elle peut même s'enorgueillir de Marlborough et de Wellington, bien que ces noms pâlissent auprès de ceux de Turenne, de Condé et de Napoléon. Quels hommes opposera-t-elle aux Marquette, aux Lallemand, aux Allouez et aux Brébeuf ?

CHAPITRE IV

PREMIÈRES LUTTES DE LA FRANCE AVEC L'ANGLETERRE ET SES COLONIES

Sommaire. — Coup d'œil sur la colonisation anglaise. — Situation respective de la France et de l'Angleterre. — Causes, commencement et marche des hostilités : Frontenac — Paix de Ryswick. — Neutralité des cinq nations. — Colonisation du Mississipi : les PP. Gravier, Mermet et Marest; d'Yberville, Bienville et Le Sueur. — Reprise des hostilités : cruautés des Indiens; de Callières; Vaudreuil. — Insuccès des Anglo-Américains. — Paix d'Utrecht et ses conséquences.

Le moment est venu de résumer la situation faite à la France dans le Nouveau-Monde, par les événements que nous venons de raconter. Nous jetterons aussi un rapide coup d'œil sur l'état des colonies anglaises. Nous sommes en 1689, année décisive pour les deux nations. Devenu roi d'Angleterre, Guillaume d'Orange, le tenace adversaire de Louis XIV, a réuni, contre la France, l'Europe presque entière. L'Espagne même, notre alliée naturelle, s'est jointe à la coalition. La longue guerre qui se terminera par la paix d'Utrecht en 1713, donnera, en Europe, à l'Angleterre une prépondérance qu'interrompt à peine la glorieuse bataille de Fontenoy, et que plus tard le traité de 1703 viendra honteusement sanctionner. Cette même année voit aussi commencer, en Amérique, la lutte qui aura pour résultat la perte des conquêtes de Cartier, de Marquette, de la Salle et de Champlain.

Notre situation pourtant ne laissait pas que d'être satisfaisante. Nous occupions solidement le Canada, l'Acadie, la baie d'Hudson ; nous avions des droits sur une partie du Maine, du Vermont et de New-York, sur toute la vallée du Mississipi et sur le Texas jusqu'au Rio-Bravo del Norte. Nous avions vécu jusqu'alors en paix avec l'Espagne, qui devait retirer bien peu de fruits de sa lâche et égoïste condescendance pour l'Angleterre. La confédération des cinq nations nous était hostile. Gagnée de bonne heure par nos rivaux, elle leur resta toujours fidèle. Mais nos missionnaires avaient su nous ménager l'amitié des autres tribus, des Illinois, des Natchez, des Dahcotas, et même des Sioux. Nous les protégions contre les Iroquois, et ils nous payaient en retour d'un dévouement qui résista même à nos fautes et à nos crimes. La métropole aimait et encourageait la colonie naissante. En un mot, malgré sa faible population européenne, qui n'atteignait, en 1688, qu'au chiffre de onze mille deux cent quarante personnes, le vingtième à peine de la population des colonies anglaises, la Nouvelle-France semblait promise à de hautes destinées.

La seconde expédition des Cabot, qui eut lieu en 1498, ne paraît pas avoir été inspirée par des idées de découvertes seulement. Elle était liée dans la pensée de Henri VII, comme celles de Sébastien Cabot, de Rut et de Hore le furent plus tard dans la pensée d'Henri VIII et de Wolsey, à un projet d'établissement colonial dans les nouvelles contrées. En 1541, l'Amérique attirait l'attention particulière du parlement. En 1553, Willoughby et Chancellor, reprenant une tentative des Cabot, cherchaient un passage au nord-ouest, et le premier périssait misérablement de froid dans un port de la Laponie, tandis que Chancellor, gagnait avec son vaisseau, le port d'Archangel, découvrant, pour ainsi dire, la Moscovie à l'Europe. Le goût des aventures maritimes et des possessions lointaines propre à une nation insulaire, *toto divisos orbe Britannos*, comme dit le poëte latin, trouva dans la fille de Henri VIII une protectrice intelligente et zélée. Les particuliers s'en mêlèrent, et un des plus hardis marins connus, Martin Frobisher, s'engagea résolûment dans la même recherche que les Cabot et les Willoughby [1]. Il n'atteignait pas son but ; mais son exem-

---

1. « Deux petites barques de vingt-cinq tonneaux avec une pinasse de dix tonneaux seulement, composaient toute la flotte, qui devait entrer dans les golfes où Cabot seul avait pénétré. Comme ils descendaient la Tamise, la reine Elisabeth agita sa main en signe de faveur, et envoya un messager porter à Frobisher son approbation. Elle n'a-

ple devenait contagieux, et, attirés par cette singulière illusion, que les glaces du pôle recélaient d'abondantes mines d'or, des marchands, des bourgeois, des cadets de famille s'embarquaient pour ce nouvel Eldorado. Élisabeth, peu prodigue de son naturel, voulut cependant faire tous les frais de la nouvelle expédition, qui se composait de quinze vaisseaux sous le commandement de Frobisher. Douze devaient revenir immédiatement avec un chargement du précieux métal. Trois autres devaient rester au service de la nouvelle colonie. On ne songeait plus au passage du nord-ouest. Il est trop facile de deviner l'issue d'une entreprise aussi chimérique. Au lieu des riches gise-

---

vait cependant point aidé l'entreprise de ses deniers. Pendant un orage la pinasse sombra. Terrifiés, les marins du *Michaël* virèrent de bord vers l'Angleterre. Mais Frobisher, sur un bâtiment d'un tonnage à peine supérieur à celui de la grande chaloupe d'un vaisseau de guerre, continua bravement sa route vers les rivages du Labrador, cherchant un passage au nord de la baie d'Hudson. Une erreur étrange a transporté la scène de ses découvertes sur la côte orientale du Groënland. Ce fut au milieu d'un groupe d'îles américaines, par 63° 8′ de latitude, qu'il crut entrer dans un détroit. L'espoir lui fit croire qu'il avait atteint son but; que la terre au sud était l'Amérique, celle au nord le continent asiatique et qu'enfin le détroit s'ouvrait sur l'immense océan Pacifique. On doit de grands éloges à Frobisher, bien qu'il n'ait pas pénétré aussi loin que Cabot dans les baies et dans les îles de ces parages inconnus. Cependant son voyage fut un insuccès. Débarquer sur une île, peut-être sur le continent; entasser quelques pierres en témoignage de sa prise de possession au nom d'Élisabeth; saisir un des naturels pour l'exhiber plus tard à la curiosité européenne : voilà quels en furent les seuls résultats. » (*Histoire des États-Unis*, t. I, p. 63.)

ments d'or qu'ils avaient rêvés, les aventuriers ne trouvèrent que d'immenses bancs de glaces flottantes, qui arrêtèrent la marche de la flotte et coulèrent deux vaisseaux. Les volontaires se découragèrent ; les matelots faillirent se révolter. On abandonna le projet de colonie.

Drake ne fit aussi que visiter la côte N.-O. de l'Amérique. Suivant la route que Magellan venait de tracer, il remonta jusqu'au 43° degré de latitude, qui correspond à la frontière sud de l'État de New-Hampshire. Humphrey Gilbert et son beau-frère, l'illustre Walter Raleigh, se dévouèrent à la colonisation anglaise dans l'Amérique du Nord. Une première et malheureuse tentative ne les découragea point, et, en 1583, Gilbert faisait voile pour Terre-Neuve, et en prenait possession au nom de sa souveraine. Il visitait la côte des États-Unis et périssait dans une tempête. Raleigh se fit transférer la patente de Humphrey Gilbert, et, l'année suivante, deux vaisseaux, sous le commandement de Philip Amidas et d'Arthur Barlow, abordaient aux côtes de la Caroline. Ils recevaient le meilleur accueil des naturels, gens doux, aimants, fidèles, ingénus et vivant à la façon de l'âge d'or, dit l'historiographe de l'expédition. Enthousiasmé de cette découverte, la reine Élisabeth lui donnait un nom de son choix et l'appelait la *Virginie*, nom célèbre dans les annales de l'Amérique. C'est la patrie de Washington.

Les tentatives de Raleigh, qu'aidèrent Cavendish, Grenville, Lane et Harriot, à qui l'algèbre moderne doit son système de notation, n'obtinrent qu'un succès lent et médiocre. Il faut franchir un intervalle de vingt ans et arriver en 1606, après la mort d'Élisabeth, pour assister au véritable développement de la colonisation anglaise. Richard Hakluyt, qui en a été l'historien, Ferdinand Gorges, le capitaine Smith, sauvé de la mort par la belle Pocohontas, fille du chef indien Powhattan, lord Delaware, Dale, Gates, vont apparaître successivement sur la scène de la Virginie. Les Pères pèlerins, *Pilgrim Fathers*, débarquent, en 1620, au cap Cod, dans la partie la plus stérile et la moins hospitalière du Massachusetts. La Nouvelle-Angleterre est fondée. Les deux fils de l'illustre George Calvert, lord Baltimore et Laurent Calvert colonisent le Maryland et l'ouvrent comme un asile aux catholiques et aux protestants, victimes eux-mêmes de l'intolérance puritaine. Un de ceux-ci, Roger Williams, exilé du Massachusetts par le sectaire fanatique Cotton Mather, fonde la ville de Providence et le petit État de Rhode-Island. Conant et White établissent Salem, autre lieu de refuge pour les exilés; Ferdinand Gorges et Mason, les États du Maine et de New-Hampshire. En 1643, les colonies puritaines se constituaient en confédération. Elle ne comprenait d'abord que les quatre États du Massachusetts, de New-Plymouth, du Connecticut, de New-Haven ; mais elle devait englober successivement les autres États déjà mentionnés, avec les deux Carolines, dont Locke et Shaftesbury se firent les grotesques légistateurs ; le New-Jersey, la Pensylvanie, conquête pacifique du quaker Guillaume Penn, et l'état de New-York, arraché par Cromwell à ses fondateurs, les Hollandais.

La morale politique de l'Angleterre ne s'embarrasse d'aucun scrupule ; chaque nation, amie ou ennemie, a pu en faire l'expérience. Elle convoitait à la fois le bassin du Mississipi que nos missionnaires et la Salle venaient d'explorer, et les nouveaux Pays-Bas qui étaient aux mains des Hollandais. En 1608, Hudson, marin d'origine anglaise, au service de la compagnie hollandaise des Indes occidentales, avait découvert la rivière qui porte son nom, et sur les bords de laquelle se dresse aujourd'hui la puissante cité de New-York, *city empire*, si bien surnommée la nouvelle Venise. Les Hollandais pouvaient alléguer le droit de première découverte et une occupation de quarante ans, réelle et effective, telle que nos jurisconsultes l'exigent pour qu'elle puisse conférer à ce droit un appui tiré de la morale et du bon sens. Les Anglais osèrent se prétendre les inventeurs du bassin de l'Hudson, et le roi Charles II fit don à son frère, le duc d'York, des nouveaux Pays-Bas, comme faisant partie des découvertes de Cabot en 1498. La patente fut accordée en 1620 à la compagnie de Plymouth. La guerre décida entre les deux nations, et les nouveaux Pays-Bas devinrent le nouveau York. Ce fut encore le prétendu droit de première découverte que les Anglais invoquèrent quand ils voulurent s'approprier le Canada et la vallée du Saint-Laurent. Cabot, disaient-ils, avait suivi cette côte en 1497. Comme si, répondait M. de Vergennes, cinquante ans ne s'étaient écoulés depuis la prise de possession du Canada par Cartier, sans que l'Angleterre eût songé à faire valoir la prétendue découverte de Cabot ; comme si l'établissement de Port-Royal n'avait pas précédé de vingt-cinq ans l'établissement de Boston, dans la Nouvelle-Angleterre.

Autant il eût valu prétendre que la découverte des embouchures du Mississipi n'appartenait pas à Soto de Mayor, et que Marquette et la Salle n'avaient pas descendu son cours jusqu'à la mer et exploré son vaste bassin. Guillaume III et Coxe ne reculèrent pas devant cette énormité. Hennepin, l'ancien compagnon de la Salle, passé à la solde de l'Angleterre, avait publié un mémoire dans lequel il revendiquait pour lui seul la découverte des bouches du Mississipi ; il avait même interpolé ce mensonge dans la narration primitive du véritable voyage. « Je coloniserai le Mississipi, s'était écrié Guillaume, et je sauterai par-dessus vingt-cinq billots plutôt que de ne pas le faire ! » et il promettait d'y envoyer à ses frais plusieurs centaines de huguenots et de réfugiés vaudois. Toujours en vertu de ce droit de première découverte, les Anglais nous contestaient encore la possession du bassin de l'Ohio, dans lequel ils ne voulaient voir qu'un démembrement de la Virginie, compris dans la charte de concession d'Élisabeth. Ils voulaient enfin nous exclure des pêcheries de Terre-Neuve! Par compensation, c'est le principe français, le principe de l'occupation réelle, utile et permanente, que l'Angleterre opposa plus tard à l'Espagne, quand elle voulut s'emparer de ses colonies.

« Il n'y a que Dieu qui ait pu garantir cette année
» le Canada, et je n'y ai aucun mérite. » Ces paroles de Denonville, qui demandait en même temps qu'on rendît aux Jésuites leurs missions, et qui faisait le plus grand éloge du P. de Lamberville [1], ces paroles peignent la situation de la colonie en 1688. Nous avions bien essayé de faire une alliance avec les Indiens depuis le lac Ontario jusqu'au Mississipi, alliance dont l'invasion de l'ouest eût été la conséquence. Tonti et les Illinois devaient tomber sur les Iroquois par l'Ohio et l'Alleghany, tandis que Durantaye, le chef militaire de Mackinaw, avec les Ottawas et d'autres Algonquins, des-

---

1. « On doit sans cela attendre beaucoup de malheurs pour la co-
» lonie ; car je dois vous dire que jusqu'ici c'est leur habileté qui a
» soutenu les affaires du pays, par le nombre d'âmes qu'ils se sont ac-
» quis chez les sauvages et par leur savoir faire à gouverner l'esprit de
» ces barbares qui ne sont sauvages que de nom. » (*Histoire de la Nouvelle-France*, t. I, p. 375.)

cendrait du Michigan. Mais les Illinois avaient été battus. Les Hurons et les Ottawas paraissaient disposés à se rallier, et les marchands de pelleteries anglais, escortés par les Indiens, venaient jusqu'aux environs de Mackinaw (1688). Les missions de l'ouest protégeaient seules l'Illinois et le fort Mackinaw contre un soulèvement général des tribus indiennes.

La guerre était déclarée. Le comte de Frontenac, le nouveau gouverneur du Canada, devait la soutenir. Ses instructions étaient de reprendre le port Nelson et le fort Albany, établissements de pêche que les Anglais nous avaient enlevés, de protéger l'Acadie, et de porter ses armes jusque dans l'État de New-York. De Callières était désigné pour le gouvernement de la future conquête. Mais, en entrant dans le golfe Saint-Laurent, Frontenac apprit la prise de Montréal. Dans la nuit du vingt-cinq août 1689, les Iroquois débarquant dans l'île, au nombre de quinze cents, avaient massacré la population endormie et mis le feu aux maisons. « En moins de deux heures, plus de deux cents
» personnes trouvèrent la mort sous des formes trop
» horribles pour les décrire. En approchant de la ville,
» ils avaient fait un nombre égal de prisonniers, et
» restés maîtres du fort et de toute l'île, après un vio-
» lent combat, ils y demeurèrent jusqu'au milieu d'oc-
» tobre sans être inquiétés. Dans un moment de cons-
» ternation, Denonville avait ordonné d'avancer et de

» raser le fort Frontenac sur l'Ontario. Des Trois-Ri-
» vières à Mackinaw, il ne restait plus une ville à la
» France; à peine y possédait-elle encore un poste[1]. »

Cependant deux frères canadiens, de Sainte-Hélène et d'Yberville, fils de Charles Le Moine, un des premiers émigrants normands, vengeaient l'échec de Montréal dans la baie d'Hudson. A l'ouest, le sang coula d'abord à Cocheco, où treize ans auparavant trois cent cinquante Indiens, sans défiance, avaient été faits prisonniers par les Anglais, embarqués pour Boston, et vendus comme esclaves à l'étranger. Le souvenir de cette trahison était indélébile, et les émissaires indiens du baron de Castin n'eurent pas de peine à pousser à la vengeance la tribu de Penacook. Le soir du 27 juin, deux Peaux-Rouges se rendaient dans la maison de Richard Waldron, et le vieillard octogénaire leur donnait asile. La nuit, ils se lèvent, ouvrent les portes, et appellent leurs compagnons qui envahissent de tous côtés la demeure de Richard. « Eh bien quoi ! eh bien quoi ! » s'écrie le brave vieillard, et saisissant son épée, il se défend jusqu'au moment où il tomba étourdi par un coup de hache. Les Indiens le placent alors sur une chaise dans sa propre salle d'audience : « Eh bien, lui criaient-ils, juge donc les Indiens maintenant, » et ils lui arrachaient des lambeaux de chair. « C'est ainsi, vociféµ-

---

1. *Histoire des États-Unis*, t. II, p. 825.

raient-ils, que chacun de nous efface sa dette. » Le malheureux s'évanouit enfin et mourut dans les tortures. Les Indiens, après avoir brûlé la demeure de Waldron et les maisons voisines, retournèrent au désert, traînant derrière eux une trentaine de prisonniers.

L'année 1690 commence par des escarmouches et de petites expéditions suivies, comme toujours, hélas! de massacres et d'incendies. De Mantet, Sainte-Hélène et d'Yberville, à la tête d'une troupe de cent dix hommes, font une marche de vingt-deux jours à travers les neiges, les forêts et les rivières pour surprendre le petit village de Schenectady. Hertel détruit l'établissement des chutes de Salmon sur la rivière Piscataqua. Les vainqueurs chargent les prisonniers des dépouilles de leurs propres maisons. Les Indiens attachent à un arbre Robert Rogers qui a rejeté son fardeau et le brûlent à petit feu. Ils scalpent Marie Fergusson, jeune fille de quinze ans, à qui la fatigue arrachait des pleurs. De peur que les cris de son enfant n'irritent les sauvages, Uchetabel Goodwin s'arrête un instant dans la neige pour le bercer : un Indien brise l'enfant contre un arbre et le pend aux branches. Pour alléger la marche de Marie Plaisted, on jette à l'eau son enfant. Au retour de cette expédition, Hertel rencontre un parti de guerriers venant de Québec. Il se met à leur tête, et, s'adjoignant un renfort que lui envoyait le baron de Castin, il ravage le fort et l'établissement de la baie de Casco. Castin lui-même, officier du régiment de Carignan, avait fondé le fort qui protégeait la mission des PP. Jésuites Vincent et Bigot sur les bords du Penobscot.

Des efforts plus sérieux se préparaient de part et d'autre. Frontenac redoublait de promesses et d'efforts pour détacher les cinq nations du parti des Anglais. « C'est nous qui avons brûlé Montréal, » avaient dit aux commissaires de la Nouvelle-Angleterre les chefs mohawks rassemblés à Albany; « nous sommes les » alliés de l'Angleterre et nous ne briserons pas le » lien d'union. » Ils avaient refusé toutefois de marcher contre les Abenakis. Frontenac espérait bien aussi assurer à Durantaye les moyens de traiter avec les Hurons et les Ottawas, et il se préparait à une triple attaque contre les colonies anglaises. Sous la menace du danger commun, celles-ci oublièrent leurs rivalités intestines et le premier congrès américain se réunit à New-York. L'idée de ce congrès appartenait au Massachusetts, cette province qui a été, à si juste titre, surnommée la mère de l'Union américaine. On y résolut de tenter la conquête du Canada; une armée marcherait d'un côté par le lac Champlain sur Montréal, tandis qu'une flotte fournie par le Massachusetts attaquerait Québec. En attendant, les confédérés s'emparèrent facilement de l'Acadie.

Soit insuffisance de moyens, soit ineptie, désaccord

ou trahison, l'expédition par terre n'eut pas lieu. Elle aurait, d'ailleurs, rencontré sous les murs de Montréal une rude réception. Les Français avaient repris leurs relations avec l'ouest, et renoué les alliances avec les Peaux-Rouges. Frontenac vivait donc en sécurité à cet égard, et il s'apprêtait à regagner Québec, quand un Indien abenaki, accouru en toute hâte des bords de la Piscataqua, vint lui annoncer qu'une flotte ennemie venait de quitter Boston. C'était l'armement du Massachusetts, composé de trente-quatre bâtiments sous les ordres de Phipps. Le commandant valait ses équipages; tous manquaient d'expérience et faisaient d'assez tristes matelots. Faute de pilotes, ils perdirent un temps précieux sur le Saint-Laurent, et quand, arrivés en vue de Québec, ils jetèrent l'ancre devant Beauport, Frontenac était dans la place et en mesure de les recevoir. La sommation de se rendre fut reçue par des huées. Il ne restait plus aux braves citoyens du Massachusetts qu'à se rembarquer. Au retour, la tempête dispersa ou brisa leurs vaisseaux. De grandes réjouissances eurent lieu à Québec; on frappa à Paris une médaille commémorative des succès de nos armes dans le nouveau continent.

Repoussés du Canada, les colons de la Nouvelle-Angleterre se bornèrent désormais à défendre leurs frontières (1691-1696). Schuyler fit seul une incursion sans importance dans nos établissements sur le Sorel.

Le drapeau blanc flotta de nouveau sur les murs de Port-Louis et l'Acadie redevint française (1692). La ville d'York fut enlevée d'assaut. La conquête du Canada fut résolue en Angleterre (1693); mais la flotte, après une attaque infructueuse de la Martinique, fit voile pour Boston, apportant les germes de la fièvre jaune qui eut bientôt détruit les deux tiers des équipages et des soldats (1694). La paix se rétablit un instant dans le Maine, grâce à un traité avec les Abenakis. Mais ceux-ci en moins d'un an s'étaient lassés de la paix, et le village de la rivière des Huîtres, dans le New-Hampshire, devenait victime de leur férocité. Ce n'était pas le moindre malheur de ces guerres que l'intervention des tribus indiennes, recherchée et sollicitée avec le même soin par les Anglais et les Français. J'ai plus d'une fois raconté les tortures que les Peaux-Rouges réservaient aux femmes et aux enfants, après le sac et l'incendie des villages. Une mère cependant, Hannah Dustin, tira une vengeance éclatante du meurtre de son nouveau-né. Emmenée dans une île du Merrimac avec la nourrice de son enfant et un jeune garçon de Worcester, elle massacra, à l'aide de ses compagnons de captivité, les Indiens qui la retenaient prisonnière, et regagna les établissements anglais, emportant comme trophées de sa vengeance les armes du meurtrier de son enfant et un sac rempli de scalps.

Les missionnaires se trouvaient souvent impuissants

à combattre les instincts féroces et les habitudes sanguinaires des peuplades indiennes, et, dans l'ivresse de la victoire, les Illinois eux-mêmes résistèrent plus d'une fois à leurs exhortations.

En 1697 la paix de Ryswick mettait fin pour un moment aux hostilités. Elle trouvait de nouveau la France en possession de l'Acadie dont Castin et d'Yberville avaient, par la prise du fort du Pemaquid, poussé la frontière jusqu'au cœur du Maine (1696). Les années précédentes, quelques incursions heureuses en avaient imposé aux Mohawks. La Mothe Cadillac, successeur de Durantaye à Mackinaw avait ouvert des relations amicales avec les tribus environnantes, qui infligeront, en 1696, un échec complet aux Iroquois. La même année Frontenac, conduisant l'armée en personne malgré ses soixante-quatre ans, envahissait le New-York occidental. Il avait un instant compté sur la coopération de tous les Indiens de l'ouest ; mais ils avaient finalement refusé de se ranger sous la bannière du grand chef Onondio ; force lui fut donc de se contenter des Français et de leurs alliés immédiats. A l'approche de Frontenac, les Onondogas mirent le feu à leurs villages, tandis que les Français rasaient les blés des Onéidas, incendiaient leurs wigwams et leur enlevaient six chefs de guerre. Cependant un vieux captif onondaga, qui avait refusé de fuir, était abandonné à la fureur des alliés de la France, et

jamais Indien ne fit preuve dans les tourments d'une plus merveilleuse fermeté. » Les tortures les plus atroces ne purent lui arracher une plainte, et narguant ses bourreaux jusqu'à la fin : « Vous auriez
» dû prendre plus de temps, leur dit-il en recevant le
» dernier coup, pour apprendre au moins comment
» un guerrier doit tomber. Je n'ai rien à me repro-
» cher, et je meurs satisfait[1]. »

Frontenac s'arrêta court après ces succès : « Il est
» temps que je me repose, » dit-il. Peut-être eût-il bien fait de s'arrêter plus tôt. Il n'avait, en effet, qu'humilié, et non subjugué les cinq nations. Les hostilités avaient été poussées si loin à leur égard qu'il restait peu de chances à une paix solide et durable.

Elle eut lieu cependant quelques années après (1700). Au commencement de l'été de 1700, les quatre nations supérieures dépêchèrent à Montréal des envoyés « pour pleurer les Français morts à la guerre. » Le Rat, chef des Hurons de Machinaw, déposa « aux pieds de son *père*, » sa hache de guerre. Il appelait ainsi le gouverneur français de Callières, successeur de Frontenac. « Je n'ai pas, dit le chef des Abenakis, d'autre hache
» que celle de mon père, et puisque mon père l'enterre,
» je n'en ai plus. » Un traité écrit fut conclu entre les Iroquois. D'un côté les Français et leurs alliés indiens de l'autre. Chaque nation contractante scella le

---

1. *Histoire des États-Unis*, t. II, p. 825.

traité d'un emblème particulier. Les Senecas et les Onondagas y dessinèrent un lézard; les Cayugas, un calumet; les Onéidas, un bâton fourchu; les Mohawks, un ours; les Hurons, un castor; les Abenakis, un daim, et les Ottawas, un lièvre. La guerre devait cesser avec les Sioux, et la paix s'étendre au delà du Mississipi. Mais le traité restait muet sur une question de première importance. Les cinq nations formaient-elles une confédération indépendante? Étaient-elles soumises à la suzeraineté de l'Angleterre ou à celle de la France? Il est manifeste pour l'univers, disait lord Bellamont, que les Iroquois sont sujets de l'Angleterre. Frontenac et de Callières ne soutenaient pas moins énergiquement les prétentions de leur patrie.

Le plus ancien établissement permanent des Européens dans le Michigan doit sa naissance à cette prétention (1701). De Callières envoya La Mothe Cadillac, avec un père jésuite et une centaine de Français, prendre possession de Détroit, en dépit de toutes les remontrances des Iroquois. Les bords des rivières Détroit et Saint-Clair et du lac Saint-Clair comptent à bon droit parmi les plus beaux sites du Canada et de toute l'Amérique du Nord. Un air pur, des forêts, des prairies et le voisinage des grands lacs y attirèrent bientôt les Indiens et les colons du bas Canada. Deux villages considérables se formèrent autour du fort. C'étaient les wigwams des Hurons qui, refoulés par les

Iroquois jusqu'aux chutes Sainte-Marie et jusqu'à Mackinaw, revenaient prendre possession de leur contrée natale. Au-dessus des Hurons s'établissaient les Ottawas, leurs inséparables compagnons. Dans l'Illinois nous possédions toujours Saint-Louis, que Joutel et La Hontan trouvèrent en 1687 et en 1689 pourvu d'une garnison. Louis XIV en mentionne la conservation dans un document de 1696.

Le plus ancien établissement français de la vallée du Mississipi a été le village de Kaskasia, fondé, à une époque d'ailleurs incertaine, par le P. Gravier qu'ont rendu célèbre ses travaux sur la langue des Illinois. Gravier eut pour collaborateurs, à diverses époques, Marquette et Allouez, probablement aussi le P. Sébastien Rasle dont nous retrouverons, dans le cours de ce récit, le nom mêlé à une sanglante catastrophe. Quand il retourna à Mackinaw, le P. Pioret, le fondateur de Cahokia, et le P. Binneteau, le remplacèrent à Kaskasia. La fatigue et les maladies emportèrent ce dernier dans une de ses excursions à travers le désert en compagnie de ses Indiens. Avant la mort de Binneteau, était arrivé le P. Gabriel Marest, le missionnaire de la baie d'Hudson ; il garda seul, pendant quelque temps, la charge de la mission, pour la partager ensuite avec le P. Mermet. Celui-ci, avec l'aide du commandant Juchereau, avait établi, sur la Wabash, un premier poste français bientôt ruiné par une épidémie. Dans le même

temps, le P. Gravier, de retour de l'Illinois, s'efforçait de rétablir la mission de Rock-Fort, abandonné par Tonti. Mais il fut massacré par les Indiens. Les établissements du Mississipi continuaient cependant de prospérer. « Notre vie, écrivait le P. Marest, se passe à
» courir les bois, à grimper les collines, à pagayer sur
» les lacs et les rivières, pour atteindre de pauvres sau-
» vages qui nous fuient et que nous ne pouvons sou-
» vent apprivoiser ni par nos enseignements ni par
» nos caresses. »

Les Péorias avaient sollicité une nouvelle mission. Le vendredi saint de 1611, Le P. Marest se rendit à leurs désirs. « Je partis, dit-il encore, n'emportant que mon
» crucifix et mon bréviaire, accompagné seulement de
» trois sauvages, qui pouvaient d'un moment à l'autre
» m'abandonner. L'horreur de ces forêts vastes et inha-
» bitées où pendant des semaines entières on ne rencon-
» trait pas une âme, m'ôtait parfois le courage. C'était
» un voyage où l'on ne trouvait ni village, ni pont, ni
» bac, ni chevaux, ni sentier battu, mais seulement des
» prairies sans bornes, coupées de ruisseaux et de ri-
» vières, des bois et des fourrés inextricables, des ma-
» rais où nous enfoncions souvent jusqu'à la ceinture.
» La nuit on dormait sur des feuilles sèches ou sur le
» gazon, exposés au vent et à la pluie, bien heureux si
» ce gîte était près de quelque ruisseau où l'on pût sa-
» tisfaire sa soif. Le repas se composait du gibier qu'on

» avait pu tuer en chemin, ou d'épis de blés grillés. »

Les douces vertus et la fervente éloquence de Marest faisaient l'âme de sa mission. A la pointe du jour, ses catéchumènes se rendaient à l'église, décemment vêtus d'une large peau de daim. Les leçons données, on chantait des cantiques ; puis la messe se disait en présence de tous les chrétiens de l'endroit, Français et néophytes indiens, les hommes d'un côté, les femmes de l'autre. Après l'instruction, les missionnaires procédaient à la visite des malades et aux soins de la medecine ; leur habileté dans cet art contribuait par-dessus tout à leur gagner la confiance générale. Dans l'après-midi on faisait le catéchisme et chacun, sans distinction d'âge ou de sexe, répondait aux questions du missionnaire. Le soir, l'instruction religieuse et la prière réunissaient les fidèles à la chapelle ; dans les cabanes, on récitait le chapelet et l'on chantait des psaumes. Le samedi et le dimanche étaient les jours de confession. Chaque converti s'approchait tous les quinze jours du tribunal de la pénitence. Le succès de la mission fut tel que parfois les bénédictions de l'Église consacrèrent des unions entre les émigrants français et les filles illinoises. Le sol qu'elle occupait formait un cantonnement au milieu des propriétés de la tribu des Péorias.

« Des jésuites, dit M. Bancroft, et des marchands
» de pelleteries avaient fondé l'État d'Illinois ; des

» compagnies privilégiées avaient présidé à la coloni-
» sation de la Louisiane méridionale. Mais l'honneur
» d'avoir commencé la même œuvre dans le sud-ouest
» de notre république appartient à l'illustre canadien
» Le Moyne d'Yberville. » En ce temps fécond en hommes de mer consommés, d'Yberville était un des meilleurs officiers de notre marine. M. Bancroft nous le montre successivement volontaire à l'attaque nocturne de Shenectady, où il se distingue par sa clémence; calme à Port-Nelson au milieu des glaces qui menacent de briser son bâtiment; enlevant ensuite le fort de Pemaquid et envahissant les possessions anglaises de Terre-Neuve; vainqueur, en 1697, dans les combats de la baie d'Hudson : toujours brave, généreux, adoré de ses matelots, des Indiens et de ses concitoyens.

D'Yberville mit à la voile le 17 octobre 1698, avec deux frégates et deux bâtiments plus faibles, portant environ deux cents colons, parmi lesquels un petit nombre de femmes et d'enfants. Renforcée d'un vaisseau de guerre venant de Saint-Domingue, l'expédition arrivait, en janvier 1699, en vue du continent et mouillait devant l'île Sainte-Rose, en face du nouvel établissement espagnol de Pensacola. Fidèle aux ordres de son gouvernement, qui maintenait rigoureusement les principes du système mercantile et du pacte colonial, le gouverneur de Pensacola refusa l'entrée du port aux marins français. D'Yberville longea la côte, et, jetant l'ancre au sud-ouest de la pointe orientale de Mobile, débarqua sur un point également nommé *Massacre* ou l'île Dauphine. L'eau n'étant pas assez profonde entre l'île Ship et les îles Horn, il renvoya son plus grand vaisseau à Saint-Domingue, et mouilla ses frégates auprès du groupe des îles Chandeleur. En même temps, on s'établissait sur l'île Ship où les colons construisaient des cabanes et l'on découvrait la rivière Pascagouli et les tribus indiennes de Biloxi. D'Yberville, son frère Bienville et un franciscain, qui avait été le compagnon de la Salle, s'embarquaient avec quarante-huit hommes, à la recherche des bouches du Mississipi, vers lesquelles des troncs d'arbres flottants et la couleur trouble de l'eau les guidaient.

Le 2 mars, ils entraient dans le fleuve et rencontraient un village de Bayagoulas, tribu qui avait l'opossum pour manitou et adorait le feu comme les Guèbres. Ils y trouvaient la lettre de la Salle de 1684, conservée précieusement par les naturels; ils visitaient les Oumas et revenaient par les lacs Pontchartrain et Maurepas à la baie Saint-Louis. Ils construisirent, à la pointe de la baie de Biloxi, un fort armé de douze canons, en témoignage de la souveraineté de la France, depuis le Rio-del-Norte jusqu'aux frontières de Pensacola. Le lieu, tant à raison du climat que du voisinage des Espagnols et des Indiens, paraissait assez mal choisi. Cependant l'invasion des territoires indiens voisins de Biloxi, par les blancs de la Caroline, alliés aux Chickasas, facilita le progrès du nouvel établissement. Les missionnaires n'avaient d'ailleurs pas failli à leur œuvre accoutumée, et les PP. Davion et Montigny purent bientôt mettre les compagnons de d'Yberville en rapports avec les Tacusas et les Yazoos qu'ils avaient évangélisés. Une voie de communication s'ouvrait ainsi entre Québec et l'embouchure du Mississipi.

Pendant l'absence de leur frère, reparti presque immédiatement pour la France, Bienville et Sauvolle ne tardèrent pas à ressentir le mauvais vouloir des Anglais. Hennepin venait de publier son fameux voyage apocryphe, et Coxe, en instances auprès de Guillaume III, avait même fait armer deux bâtiments destinés à la recherche de l'embouchure du Mississipi. A son retour d'une exploration des canaux du fleuve, au-dessous de la Nouvelle-Orléans, Bienville trouva un de ces bâtiments, armé de seize canons. Il signifia la prise de possession de la France au capitaine Barr, qui vira de bord immédiatement, et le lieu de la rencontre prit le nom de *English-Turn*, le demi-tour de l'Anglais, qu'il a conservé depuis lors. D'Yberville arrivait sur ces entrefaites, et construisait immédiatement, sur un point qui domine le Mississipi, une seconde forteresse destinée à un prompt abandon (1700). En compagnie de Tonti, revenu de l'Illinois, et de Bienville, il remontait ensuite le fleuve et faisait amitié avec les Oumas et les Bayagoulas. Parfaitement accueilli par le *Grand soleil* des Natchez, il choisissait sur leur territoire l'emplacement d'une ville, qu'en l'honneur de la comtesse de Pontchartrain il appela Rosalie.

De leur côté, ses compagnons ne montraient pas moins d'ardeur, et tandis qu'il s'apprêtait lui-même à se rembarquer, Bienville explorait la Louisiane occidentale, traversait la rivière Rouge et s'approchait du Mexique. Saint-Denys et Le Sueur, à la tête d'une troupe de Canadiens et d'Indiens, fouillaient les déserts de l'extrême ouest et les montagnes qui le confinent au nord. Le dernier passait l'hiver dans un fort, au milieu des Sowas, et s'apprêtait au printemps à pénétrer dans la vallée du Missouri. C'était l'espérance d'une abondante moisson d'or qui guidait nos aventuriers; c'était de l'or, aussi, que le trésor français, aux abois, leur demandait avec instances. Malheureusement la disette et les fièvres avaient envahi leurs campements. Quand d'Yberville débarqua avec des renforts, il trouva les colons réduits à cent cinquante. Malgré les prières des Indiens de Mobile et des Choctas, ils n'avaient pu leur prêter d'autre aide, dans leur querelle avec les Chickasas, qu'une impuissante médiation.

Au commencement de 1702, le siége de la colonie

fut transféré de Biloxi sur la rive occidentale de la rivière Mobile, et malgré sa stérilité, l'île Dauphine, avec son excellent havre, en devint la station maritime. Mais d'Yberville approchait de sa fin. Échappé à la fièvre jaune, il languit encore quelques années et mourut à la Havane en 1706, laissant à l'état rudimentaire cet établissement dont il avait rêvé la prospérité et pour lequel il avait sacrifié sa vie. Les alligators et les moustiques, les crues d'eau du Mississipi et l'ingratitude même du sol semblaient devoir longtemps encore disputer cette terre aux efforts les plus tenaces de nos émigrants, plus soldats qu'agriculteurs.

De grands événements se préparaient de l'autre côté de l'Atlantique. La paix de Ryswick n'avait été qu'une halte dans la lutte acharnée de l'Europe contre la France. Charles II, roi d'Espagne, n'ayant pas d'enfants, venait, malgré les prétentions de la maison d'Autriche, d'instituer le duc d'Anjou, petit-fils de Louis XIV, héritier de toute la monarchie espagnole, et la guerre de la succession allait bientôt éclater. Du fond de sa retraite de Saint-Loo, Guillaume d'Orange, impotent et atteint d'une maladie mortelle, Guillaume, qui ne semblait plus que son ombre, nouait des alliances, réchauffait les anciennes haines et en fomentait de nouvelles contre nous. Un acte que Louis XIV crut devoir, sans doute, à sa propre dignité et au principe même de son pouvoir, mais que les circonstances rendaient impolitique et dangereux, la reconnaissance du fils de Jacques II, comme héritier légitime du trône d'Angleterre, poussa Guillaume à précipiter les événements. La guerre fut déclarée : elle ne s'ouvrait pas pour la France dans d'heureuses conditions. Louis XIV ne marchait plus entouré de ces grands hommes qui lui font dans l'histoire un cortége digne de lui. Sa tête majestueuse se courbait sous le poids de l'âge et des soucis du gouvernement. Le trésor était vide ; l'agriculture ruinée ; la population épuisée ; l'armée mal commandée. Louis XIV ne pouvait cependant abandonner son petit-fils : il s'engagea résolûment dans la lutte. Les épreuves et les humiliations de cette douloureuse époque lui ont fait une seconde auréole, et ses ennemis les plus acharnés ont été forcés de reconnaître qu'il montra plus encore de grandeur d'âme et de majesté, au lendemain des défaites d'Hoschstedt et de Malplaquet, qu'au temps même de ses triomphes et de sa grande splendeur.

Pendant que l'Europe retentissait de nouveau du bruit des armes, la guerre reprenait aussi en Amérique. Le gouverneur de la Caroline, Jacques Moore, envahissait le territoire espagnol, et ravageait Saint-Augustin. Mais, faute d'artillerie de siége, il s'arrêtait devant le château. Les Espagnols, prévenus par Bienville, envoyèrent deux bâtiments au secours de Saint-Augustin, et Moore dut se retirer en abandonnant ses vaisseaux et les munitions. En 1705, à la tête de cinquante colons volontaires et d'un millier de sauvages alliés, il assiégeait la forte position d'Avalaya, qui repoussait son assaut. Mais en se retirant il mettait le feu à l'église attenante au fort et faisait prisonniers, pour les vendre comme esclaves, une centaine de femmes et d'enfants et les Indiens de la mission. Le chef d'Hitachma racheta son village avec l'argenterie de l'église et une dizaine de chevaux chargés de provisions. Cinq autres villages se rendirent à discrétion et leurs habitants émigrèrent dans la Caroline. Cette victoire et l'alliance des Creeks avec les Caroliniens coupaient aux défenseurs de Saint-Augustin toute communication avec les Français. Ceux-ci essayèrent en vain l'année suivante (1706) de s'emparer de Charleston. Un de leurs vaisseaux fut pris, et les troupes de débarquement, sur huit cents hommes, en perdirent près de la moitié.

Le marquis de Vaudreuil, alors gouverneur du Canada, s'était hâté de se concilier la neutralité des Iroquois. Les Anglais ne réussirent pas aussi bien près des Abenakis : « Le soleil, avaient dit leurs chefs, » n'est pas plus éloigné de la terre que nos pensées » de la guerre, » et ils avaient ajouté de nouvelles pierres aux tas déjà formés, comme gages et preuves de leur amitié. Six semaines après, ils portaient le fer et le feu dans les provinces de Massachusetts, de New-

Hampshire et du Maine. Deux cents Canadiens et quarante Indiens, conduits par Hertel de Rouville, attaquaient, le 1ᵉʳ mars 1704 au matin, le charmant village de Deerfield, l'incendiaient et emmenaient les habitants en captivité. « Une heure après, le lever du
» soleil, la troupe se mit en route pour le Canada.
» Qui pourrait dire les horreurs de cette marche d'hi-
» ver dans les solitudes? Deux hommes périrent de
» faim. Un jeune enfant venait-il à pleurer de fatigue,
» une pauvre femme à chanceler d'angoisse sous le
» fardeau de son nourrisson, le tomahawk coupait cou-
» pait court à la plainte, ou bien l'innocente créature
» était jetée dans les neiges. Eugénie Williams, la
» femme du ministre, n'avait point oublié sa Bible;
» le jour, pendant les haltes, ou le soir, à l'heure du
» repos, les sauvages lui en permettaient la lecture.
» Elle relevait à peine de couches, et ses forces cédè-
» rent bientôt. Son mari lui rappelait la maison éter-
» nelle que n'ont point bâtie les mains des hommes;
» elle lui répondait en bénissant le Seigneur de tout ce
» qui était arrivé. Le cœur de la mère monta jusqu'à
» ses lèvres, pour recommander à Dieu et à leur père
» ses cinq enfants captifs, et un coup de tomahawk
» vint terminer ses souffrances... » « Elle repose dans
» la joie indicible et dans la gloire éternelle, dit le
» mari. » « Au Canada, ni supplications ni offre de
» rançon ne purent délivrer sa plus jeune fille, âgée

» de sept ans seulement. Adoptée, près de Montréal,
» par des Indiens convertis, elle devint catholique et
» épousa un chef cahnewaga. Quand elle visita, long-
» temps après, ses amis de Deerfield, elle se présenta
» dans le costume indien. Après un court séjour, in-
» sensible aux prières de tout le village et au jeûne
» qu'il s'était imposé pour obtenir son retour, elle re-
» vint aux feux de son wigwam et à l'amour de ses
» enfants mohawks (1708) [1]. » Quatre ans plus tard,
Hertel, encore, des Chaillons, et leurs Algonquins, in-
fligeaient le même sort à l'établissement d'Haverhill,
ville florissante aujourd'hui du tranquille Merrimac, et
qui se composait alors d'une trentaine de maisons.

« Je considère comme étant de mon devoir envers
» Dieu et mon voisin, écrivait Schuyler au marquis
» de Vaudreuil, de prévenir autant que possible ces
» cruautés barbares et païennes. Mon cœur se soulève
» d'indignation quand je pense qu'une guerre entre
» princes chrétiens, assujettis aux lois de l'honneur
» et de la générosité, dégénère en une boucherie sau-
» vage et sans frein. » Paroles vraies, sans doute, et
dictées par un sentiment auquel nous devons toute
notre sympathie. Mais le marquis de Vaudreuil n'au-
rait-il pas pu demander lui-même à Schuyler, qui, des
Français ou des Anglais, avaient fait le premier appel

---

1. *Histoire des États-Unis*, t. II, p. 851.

à l'intervention et à l'aide des Indiens ? Quels étaient parmi eux les plus cruels, des Iroquois, alliés de l'Angleterre, ou des Illinois, alliés de la France ? Quant à l'historien des États-Unis, il cède à je ne sais quel sentiment étroit de patriotisme local ou de secte, qui contraste avec son indépendance habituelle d'appréciation et son élévation d'esprit, quand il impute ces cruautés à nos missionnaires. « Elles inspirèrent, dit-il, » à nos pères une haine profonde des missionnaires » français[1]. » Mais ceux-ci n'avaient-ils donc pas été les premières victimes de la barbarie et de la férocité des Peaux-Rouges ? M. Bancroft, à qui leur martyre a fourni de si belles pages, aurait dû se souvenir des PP. Lallemand, Brébeuf, Jogues, Gravier et de tant d'autres. « Ces cruautés donnèrent aussi naissance, » ajoute-t-il, au désir d'exterminer les Indiens, qui » disparaissaient quand leurs demeures étaient envahies » et qu'il devenait impossible de réduire par les » moyens ordinaires de la guerre. On offrit donc une » prime pour chaque chevelure indienne. Cette prime » était de dix livres; pour les troupes régulières » elle doublait pour les volontaires et s'élevait à cinquante » livres pour les coureurs des bois[2]. » Il ne faut pas s'étonner, qu'après de telles mesures et de pareils

---

1. *Histoire des États-Unis*, t. II, p. 853.
2. *Histoire des États-Unis*, t. II, p. 853. — La livre sterling anglaise vaut un peu plus de vingt-cinq francs de notre monnaie.

stimulants au gain et à la vengeance, la race aborigène eût presque disparu à l'époque de la guerre de l'indépendance. Les colons américains agissaient, sans doute, d'après la loi des représailles; mais il n'y a pas, il ne saurait y avoir un code de représailles, comme il y a un code civil et un code pénal. On voudrait que chaque général d'armée eût toujours présentes à l'esprit ces belles paroles de Washington, que l'on sollicitait de tirer vengeance des atrocités commises par les volontaires loyalistes, dans la campagne de 1781. « Je ne sais trop que penser, écrivait-il à un de ses officiers, du principe des représailles. » Je reste, cependant, convaincu que c'est de toutes » les lois la plus difficile à exécuter quand on n'a pas » le coupable sous la main. Il est impossible que l'hu» manité n'intervienne pas en faveur d'un innocent » qui paye pour la faute d'autrui. »

Le secrétaire d'État pour les colonies, en Angleterre, était alors Henri St-John, si célèbre sous le nom de Bolingbroke. Son éloquence, la vivacité et la souplesse de son esprit, l'étendue et la variété de ses connaissances, l'agrément de sa personne et le charme de ses manières, en avaient fait de bonne heure un des hommes politiques les plus considérables de son pays. Des défauts, des vices même se mêlaient toutefois chez St-John à ces grandes qualités. Son indépendance d'idées allait jusqu'à l'extrême scepticisme,

et l'ambition, plus que les principes, guidait sa conduite. Son brillant esprit tournait souvent à l'inconséquence et son génie politique à l'intrigue. « Il
» pouvait, dit M. Bancroft, être fidèle dans son at-
» tachement à une femme ou à un ami, mais non à
» un principe ou à un peuple. » Appréciation sévère,
mais que justifient les nombreuses vicissitudes de la
vie sociale et parlementaire de cet homme illustre. Il
écrivait de brillants traités de métaphysique et il n'était pas loin d'en proscrire l'idée divine qui fait la
base même et le couronnement de cette science. Plus
qu'indifférent à toutes les formes extérieures de religion, il se fit le champion de cette haute église, *High
Church*, qui abrita si longtemps l'hypocrisie et l'intolérance anglicanes. Whig d'origine, il se fit tory au
bon moment. En 1713, il voulut la paix avec la France,
contre l'avis du duc de Marlborough, et surtout de la
duchesse sa femme. Trois ans auparavant, il projetait
de conquérir le Canada et de chasser les Français de
l'Amérique. « Cette conquête est mon œuvre, écrivait-
» il en 1711, et je prends un intérêt tout paternel à
» son succès. »

En 1709, les colons de la Nouvelle-Angleterre attendaient avec impatience les secours promis par
St-John, et ils s'étaient préparé, par des votes de
fonds, des levées de troupes et des approvisionnements
de tout genre, à prendre une part énergique aux ef-

forts de la mère patrie (1704-1707). Ils avaient déjà, à deux reprises différentes, menacé sans succès Port-Royal défendu par Castin. Ce fut en septembre 1710 seulement qu'une flotte de trente-six bâtiments, portant quatre régiments de troupes coloniales, mit à la voile de Boston pour l'Acadie. Nicholson la commandait. Subercase n'avait pour défendre Port-Royal qu'une poignée d'hommes découragés. Force lui fut bientôt de rendre la forteresse, aux conditions d'ailleurs les plus honorables. Nicholson, en l'honneur de la reine, nomma sa conquête Annapolis. Castin, l'hiver de la même année, essaya vainement de réchauffer le zèle des colons français et des Indiens, leurs alliés. La fondation de Pontrincourt, l'ancien Port-Royal, est restée, jusqu'à l'émancipation des États-Unis, entre les mains des Anglais. Encouragé par ce succès, Nicholson retourna en Angleterre pour activer de nouveaux armements. C'était le moment où la législature de l'État de New-York représentait énergiquement à la reine les progrès de la France. « Il est notoire, disait
» son adresse, que les Français peuvent remonter par
» l'eau, de Québec à Montréal. De là, par la rivière et
» les lacs, ils peuvent aller prendre à dos toutes les
» plantations de Votre Majesté — sur le continent jus-
» qu'à la Caroline. Dans cette vaste étendue de pays
» vivent plusieurs nations indiennes très-considérables.
» Ils leur envoient continuellement des prêtres et de

» émissaires chargés de bagatelles et de jouets avec
» lesquels ils gagnent leur faveur. Ensuite ils dépê-
» chent des commerçants, puis des soldats, et enfin ils
» bâtissent des forts. On encourage les garnisons à se
» marier, à vivre et à s'incorporer parmi les nations.
» On peut aisément conclure de ces faits que, la paix
» faite, les Français enverront, dans ce but, chez les
» Indiens, leurs soldats licenciés[1]. » Schuyler se rendait aussi en Angleterre avec cinq sachems iroquois. La reine Anne les reçut en audience solennelle, et ils lui manifestèrent leur désir de reprendre la hache de guerre et de coopérer à l'entreprise demandée contre le Canada.

St-John la fit décider (1711). L'expédition nouvelle était conçue sur un pied formidable : elle comprenait quinze bâtiments de guerre et quarante transports. Les forces de terre consistaient en sept régiments, composés de vétérans de Marlborough et un bataillon d'infanterie de marine. Les frais en furent si coûteux et les préparatifs si longs que la reine Anne n'en put dissimuler son mécontentement. La flotte enfin mit à la voile; elle arrivait à Boston le 25 juin et y séjournait jusqu'à la fin de juillet, embarquant les approvisionnements et les contingents coloniaux. Les volontaires du Connecticut, de New-Jersey et de New-York,

---

1. *Histoire des États-Unis*, t. II, p. 854.

des émigrants du Palatinat et six cents Iroquois s'assemblaient à Albany, prêts à fondre sur Montréal. Dans le Wisconsin, les Renards, nouveaux alliés de l'Angleterre, se préparaient enfin à expulser les Français du Michigan.

« Nous pouvons compter que cette fois enfin, nous » allons devenir maîtres de toute l'Amérique du Nord, » avait écrit St-John au duc d'Orrery, à la nouvelle de l'heureuse arrivée de ses vaisseaux dans le port de Boston. Paroles présomptueuses : la nouvelle campagne ne devait rien ajouter à la puissance britannique. Vaudreuil s'était mis en mesure d'affronter la lutte avec succès : il avait rappelé aux Onondagas et aux Senecas la fidélité de la France à respecter les traités avec eux, et s'était assuré de leur neutralité. Il avait rassemblé à Montréal tous nos alliés indiens, et huit cents guerriers indiens avaient entonné le chant de guerre. Les sauvages du nord-ouest paraissaient indécis. La prise d'armes des Hurons de Détroit les décida. La voix des missionnaires entraînait les Chippewas, et les Abenakis s'enfermaient dans Québec. On réparait les fortifications, et Beauport recevait garnison. Les femmes elles-mêmes se tenaient prêtes à concourir à la défense commune. La population entière, pleine de confiance et de résolution, attendait impatiemment les Anglais.

Partie de Boston le 30 juillet, la flotte anglaise,

après s'être attardée dans la baie de Gaspé, pénétrait enfin dans le Saint-Laurent. A mesure qu'il remontait le fleuve, sir Hovenden Walker, chef de l'expédition, se sentait pris des appréhensions les plus comiques et des terreurs les plus bouffonnes. Il réfléchissait que bientôt ces eaux si profondes seraient couvertes d'une épaisse couche de glace. Que deviendraient ses vaisseaux? « Il ne voyait d'autre ressource que de les dé-
» charger et de les mettre à terre en sûreté sur des ca-
» rènes jusqu'au printemps. Le 22 août au soir, un
» épais brouillard survint avec une forte brise d'est.
» Sur l'avis unanime des pilotes, on mit en panne, l'a-
» vant tourné au sud. La flotte continuait cependant
» de dériver au nord. Au moment où Walker se met-
» tait au lit, son capitaine de pavillon vint l'avertir
» que la terre était en vue. Sans se déranger, l'amiral
» lui donna l'ordre de gouverner au nord. Il y avait à
» bord du vaisseau un homme de sens, Goddard, capi-
» taine dans le service de terre. Il courut en toute
» hâte à la cabine de l'amiral, le suppliant de monter
» au moins sur le pont, ce que Walker, raillant ses
» craintes, refusa de faire. Goddard revint. — « Au
» nom du ciel, venez sur le pont, ou nous sommes tous
» certainement perdus. Je vois des brisants tout autour
» de nous. » « Mettant ma robe de chambre et mes
» pantoufles, écrit Walker, je montai sur le pont
» et je reconnus la vérité de son dire. » Même à ce

» moment, l'aveugle amiral s'écriait : Je ne vois au-
» cune terre sous le vent ! — Mais la lune, perçant la
» brume, lui démontra bientôt son erreur. La flotte
» était tout près du rivage nord, au milieu des îles
» Eggs. Il lui fallut bien alors croire les pilotes, et il
» fit immédiatement pousser au large. Seulement, au
» matin, on s'aperçut du naufrage de huit vaisseaux :
» neuf cents hommes avaient péri dans les flots. Un
» conseil de guerre décida à l'unanimité qu'il était im-
» possible d'aller plus avant, et l'expédition regagna
» honteusement Boston. Si nous étions arrivés sains et
» saufs à Québec, écrivait sir Hovenden Walker, nous
» risquions d'y laisser dix ou douze mille hommes, vic-
» times de la faim et du froid. Par la perte de quelques-
» uns, la Providence a sauvé le reste. Et il s'attendait
» à des honneurs pour cette heureuse retraite, qu'il
» estimait aussi glorieuse qu'une victoire [1]. »

Cet échec (1712) paralysa les opérations de Nicholson, dont Montréal était l'objectif. Il battit en retraite. Détroit seul, défendu par du Buisson et vingt Français, faillit être pris et brûlé par les Renards, sauvages aussi résolus, haineux et persévérants que les Mohawks. Mais à la voix puissante et révérée des missionnaires, les Ottawas, les Hurons, les Illinois, les Potawatomies, une partie des Sacs, et même des Osages

---

1. *Histoire des États-Unis*, t. II, p. 857-58.

et des Missouris, accoururent au secours de l'établissement assiégé. « Père, disaient-ils, père, contemple tes
» enfants autour de toi. Nous mourrons joyeusement,
» s'il le faut, pour notre père; prends soin seulement
» de nos femmes et de nos enfants, et couvre nos corps
» d'un peu de gazon pour les défendre des mouches. »
Les guerriers Renards, d'assiégeants devenus assiégés, durent se rendre à discrétion.

Mais, en Europe, on signait la paix d'Utrecht, dont les conséquences devaient s'étendre à nos possessions d'outre-mer. Par une des clauses de ce traité, clause plus honteuse encore pour la puissance qui l'imposait que pour celle qui l'acceptait, l'Angleterre obtint pour trente ans le monopole de l'introduction des noirs dans les possessions américaines de Philippe V.[1] La France perdait Terre-Neuve, l'Acadie, qui devenait la Nouvelle-Écosse, la baie d'Hudson et ses confins. Elle s'engageait

---

1. Aux termes de cette clause, Sa Majesté Britannique s'engageait à faire transporter, dans l'espace de trente ans, par des personnes qu'elle désignait, cent quarante-quatre mille noirs dans les possessions américaines de Sa Majesté Catholique, à raison de quatre mille huit cents par année, et de 33 1/3 dollars par tête. L'Angleterre se réservait le droit d'une plus large importation, mais dans ce cas, le prix de capitation serait réduit de moitié. « Elle prit les plus minutieuses précautions,
» dit M. Bancroft, pour s'assurer ce monopole. Aucun Français, au-
» cun Espagnol, personne ne pouvait introduire des nègres dans l'A-
» mérique espagnole, où, des bords de l'Atlantique jusqu'aux rives du
» Pacifique, Sa Majesté Britannique et les agents de son choix deve-
» naient les seuls marchands d'esclaves. » (*Histoire des États-Unis*, t. II, p. 864.)

en outre à ne plus inquiéter les cinq nations. Guillaume Penn avait été d'avis de prendre le Saint-Laurent pour limite au nord des possessions anglaises et de revendiquer aussi la vallée du Mississipi. La Louisiane excitait les convoitises de la reine et de son secrétaire d'État pour les colonies. Nous conservâmes cependant la Louisiane et le bassin du Mississipi. Mais les termes du traité d'Utrecht laissaient nos nouvelles délimitations territoriales dans un vague que la politique cauteleuse et envahissante de l'Angleterre ne pouvait manquer plus tard d'exploiter à son profit.

CHAPITRE V

LES PEAUX-ROUGES ET LA LOUISIANE

Sommaire. — Résultats de la paix d'Utrecht. — Le P. Sébastien Rasle et les colons anglais — Contestations quant aux frontières. — La Louisiane : Crouzat, Law et la compagnie du Mississipi. — Les émigrants de la *Victoire*; les Natchez; massacre des Français et destruction des Natchez. — Les Chikasas : Bienville, d'Artaguette et de Vincennes. — Etat de la Louisiane en 1740. — Etat des colonies anglaises.

Les années qui suivirent la paix d'Utrecht furent, à tout prendre, les plus heureuses qu'eussent encore connues nos établissements d'Amérique. Louis XIV avait, en mourant, recommandé à son petit-fils de ne pas autant aimer la guerre qu'il l'avait aimée lui-même. Le gouvernement était passé aux mains du régent Philippe d'Orléans. Ce prince, chez qui des vices honteux ternissaient les plus brillantes qualités et que le soin de ses plaisirs éloignait souvent des affaires, suivit une politique vacillante et trop humble quelquefois. Elle fut, d'ailleurs, moins son œuvre que celle de Dubois, « homme trois fois infâme, dit

» M. Bancroft, comme corrupteur de son élève, comme
» prêtre licencieux d'une religion spiritualiste, comme
» homme d'État, à la solde d'un pays étranger. »
Quand, après le duc de Bourbon, Louis XV appela le
cardinal Fleury dans ses conseils, la politique de
la Régence se maintint dans son principe, mais avec
plus de dignité du côté de la France et moins d'exigences de la part de l'Angleterre. Robert Walpole
aussi aimait la paix et voulait la maintenir. « Que
» l'Angleterre, dit encore M. Bancroft, juge, comme
» elle le voudra, le ministre à qui elle doit la septen-
» nalité de son parlement, l'Amérique bénit la mé-
» moire de Walpole et celle de Fleury, comme celle
» d'hommes d'État qui préféraient le commerce à la
» conquête et les bienfaits de la paix à la gloire des
» armes. Si, pendant un quart de siècle, on se montra
» moins tolérant à l'égard de l'Espagne, les contesta-
» tions de la France et de l'Angleterre ne purent du
» moins amener entre elles une rupture ouverte [1].

Aux termes du traité d'Utrecht, la France devait
abandonner à l'Angleterre l'Acadie avec ses anciennes limites. Il y avait là matière à des difficultés
que la force des armes put seule trancher; mais la
frontière orientale du Massachusetts même ne fut pas
établie sans contestation. Les Indiens Abenakis pré-

1. *Histoire des États-Unis*, p. 932-33.

tendaient à la propriété légitime des terrains compris entre les rivières Kennebec et Sainte-Croix. Alarmés à l'idée de leur incorporation dans l'État de Massachusetts, ils dépêchèrent à Vaudreuil des envoyés pour s'assurer si le gouvernement français avait rendu ces terres aux Anglais. Vaudreuil répondit que le traité d'Utrecht ne concernait nullement le territoire des Abenakis. « J'ai ma terre, dit alors leur
» chef, j'ai ma terre où le Grand-Esprit m'a placé,
» et aussi longtemps qu'un enfant de ma tribu vivra,
» je combattrai pour la défendre. »

« La France ne put maintenir son influence par une alliance déclarée ; mais elle sut mettre à profit le pouvoir de ses missionnaires. A Norridgewock, sur les bords du Kennebec, le vénérable Sébastien Rasle, apôtre et compagnon des sauvages pendant plus d'un quart de siècle, avait réuni un village florissant autour d'une église qui pouvait, dans le désert, avoir quelques prétentions à la magnificence. Très ascétique et rigoureux observateur du jeûne, il n'usait jamais de vin, et ne se nourrissait que de maïs pilé. Il avait bâti sa cabane, il labourait son jardin, puisait son eau et préparait lui-même ses repas. Il distribuait tout ce qu'il recevait, donnant ainsi l'exemple de la pauvreté religieuse. Il s'occupait en même temps de décorer son sanctuaire, sachant que la foi du sauvage a besoin d'être éveillée par des emblèmes qui frappent ses sens, et il avait lui-même orné de peintures les humbles murs de son église. Il y prêchait chaque jour; et puis, dans les wigwams, tempérant l'esprit de dévotion par des conversations familières et une innocente gaieté, il achevait de gagner les âmes par la persuasion. Quarante jeunes indiens, revêtus de soutanes et de surplis, l'assistaient dans les offices et dans les processions publiques qui attiraient un grand concours de Peaux-Rouges. Deux chapelles avaient été bâties, près du village, l'une dédiée à la Vierge et ornée de sa statue, l'autre sous le vocable de l'ange gardien. C'est là que le chasseur s'arrêtait pour faire sa prière. Quand la tribu descendait aux bords de la mer, dans la saison du gibier de passage, Rasle la suivait, et sur quelque petite île, une chapelle de bois était promptement consacrée [1]. »

Tel était l'homme que les Anglais, après lui avoir vainement opposé un ministre de leur culte, se résolurent à arracher de force à sa mission (1722). Ils avaient déjà saisi quelques chefs abenakis qu'ils retenaient en otage, avec le jeune baron de Castin, sang mêlé, qui avait tout à la fois une commission de la France et le commandement d'une tribu indienne. Les Abenakis étaient à la chasse, quand Westbrooke, au milieu de l'hiver, tenta de surprendre Norridgewock.

1. *Histoire des États-Unis*, t. II, p. 939.

Rasle, averti à temps, avait pu fuir, laissant toutefois derrière lui des papiers importants, sa correspondance avec Vaudreuil et un vocabulaire de la langue abenaki. En guise de représailles, les Indiens brûlèrent Brunswick. La magistrature du Massachusetts les déclara traîtres et voleurs, leva des troupes contre eux et mit leur tête à prix. Le 9 mars 1723, à cinq heures du matin, Westbrooke tombait sur le camp indien, au-dessus de Bangor, et l'incendiait complétement. Il essayait, mais vainement encore, de prendre Rasle. Enfin, le 23 août 1724, une troupe nombreuse d'habitants de la Nouvelle-Angleterre surprenait Norridgewock. « Il y avait à peu près cinquante guerriers
» dans la place. Ils prirent leurs armes et se préci-
» pitèrent au combat, bien moins pour faire résis-
» tance que pour protéger la fuite des femmes, des
» enfants et des vieillards. Rasle, éveillé par leurs
» clameurs, accourut pour sauver son troupeau, en
» attirant sur lui l'attention des assaillants. Son es-
» poir ne fut pas déçu. Les sauvages purent traverser
» la rivière, tandis que les Anglais pillaient les caba-
» nes et l'église, à laquelle ils mirent le feu en se
» retirant. »

« Quand les sauvages revinrent secourir leurs blessés et ensevelir leurs morts, ils trouvèrent Rasle scalpé et percé de coups, le crâne fracassé, la bouche et les yeux remplis de boue. On l'enterra à l'endroit même où il avait l'habitude de célébrer les saints mystères.

« Ainsi périt Sébastien Rasle, le dernier des missionnaires catholiques dans la Nouvelle-Angleterre. Rasle était dans sa soixante-septième année, et il en avait passé trente-sept au service de Dieu en Amérique. Il était naturellement robuste, mais l'âge, les fatigues et les jeûnes l'avaient épuisé. Il connaissait plusieurs dialectes des Algonquins et avait évangélisé diverses tribus de la vallée du Mississipi. En 1721, engagé par le P. de La Chasse à revenir au Canada, « Dieu m'a confié ce troupeau, répondit-il, je suivrai son sort, heureux d'être immolé pour son plus grand bien. » Dans la Nouvelle-Angleterre, on le regarda comme le chef des insurgés indiens. Ses collègues le pleurèrent comme un martyr et le glorifièrent comme un saint. Le ministère français, jaloux de donner un exemple de modération, fit taire son indignation, se confiant aux commissaires des deux nations pour rétablir la tranquillité sur les frontières [1]. »

Cette modération était, en effet, bien nécessaire, surtout du côté des Anglais. La question des frontières du Canada était épineuse. La France n'entendait nullement se soustraire à l'exécution du traité d'Utrecht; mais elle n'entendait pas davantage que

---

1. *Histoire des États-Unis*, t. II, p. 940.

l'on en exagérât les conséquences, et que l'on portât atteinte à l'intégrité de la Nouvelle-France, telle qu'elle restait après le traité. Les Anglais ravivaient et exagéraient les droits des cinq nations. Ils excipaient de je ne sais quel traité de 1701, par lequel les Mohawks et les Onéidas avaient placé leurs territoires de chasse sous la protection britannique. En 1726, le gouverneur de la Nouvelle-Angleterre Burnet renouvelait ce prétendu traité avec des chefs qui n'avaient point qualité pour des cessions de terrains et moins encore de souveraineté. L'Angleterre prétendait acquérir ainsi les territoires iroquois au nord et à l'ouest du lac Érié, et au nord de l'Ontario, ainsi qu'une étendue de terrain large de soixante milles, depuis Oswego jusqu'à la rivière Cuyahaga. La France cependant n'acceptait point ces empiétements, et, pour mieux garantir ses droits (1731), elle bâtissait, sur le lac Champlain, le fort de la Couronne qui défendait les approches de Montréal. Joncaire, un Français, qui s'était fait Indien chez les Senecas, occupait à Lewiston l'endroit même que la Salle et Denonville avaient choisi pour le centre d'une colonie. En 1721, de Longeuil, fils du gouverneur de la Nouvelle-France, et « l'admirable Charlevoix, le meilleur des premiers « historiens de l'Amérique, » relevaient les fortifications de Niagara, destinées à protéger le commerce intérieur des fourrures. Les Renards étaient châtiés, et

le pavillon anglais ne flottait plus, dans le bassin du Saint-Laurent, que sur le seul point d'Oswego. La France maintenait du reste, dans toute leur plénitude, ses prétentions à la possession exclusive de la Louisiane, qui comprenait alors toute la vallée du Mississipi; elle assurait son influence sur les sources de l'Ohio, parmi les Indiens Shawnees et Delawares, qui arboraient le drapeau blanc (1731) et se mettaient entièrement sous la protection de Louis XV; elle s'emparait de toutes les grandes avenues du Saint-Laurent au Mississipi. En 1735, de Vincennes fondait le village qui porte son nom. C'était le commencement de l'État d'Indiana. « Les voyageurs, quand
» ils passaient de Québec à Mobile ou à la Nouvelle-
» Orléans, plantaient leurs tentes sur les bords de la
» Wabash, jusqu'à ce qu'enfin quelques familles de
» pasteurs eussent obtenu des naturels la permission
» d'établir leurs abeilles dans les champs fertiles
» qu'arrose la rivière blanche[1]. »

Les progrès de la colonisation de la Louisiane avaient été jusqu'alors presque insignifiants, quand Antoine Crouzat résigna, après trois ans d'exercice (1714-1717), le monopole dont Louis XIV l'avait gratifié. La population française de la colonie, y compris les troupes royales, ne s'élevait pas à plus de

---

1. *Histoire des États-Unis*, t. II, p. 940.

700 âmes. Toujours prompte à s'échauffer, l'imagination des chercheurs d'or avait rêvé des mines considérables dans le bassin du Mississipi. On découvrit dans le Missouri de très-beaux échantillons de plomb, et ce fut tout. La métropole continuait cependant à nourrir son erreur au sujet des prétendus gisements aurifères de la colonie. Nous sommes arrivés, en effet, à l'année qui vit naître la fameuse compagnie du Mississipi, œuvre digne de la mystification financière connue dans nos annales sous le nom de système de Law. Il faut lire les journaux et les mémoires du temps pour se rendre compte de la singulière aberration qui saisit nos pères, à l'émission des actions de la compagnie du Mississipi. Ce fut dans toutes les classes de la société, et surtout dans les plus riches, un entraînement inouï à échanger son argent et ses terres contre ces misérables chiffons de papier !

La date de la formation de la compagnie se place au mois de septembre 1717. L'année suivante (1718), trois vaisseaux, la *Victoire*, la *Duchesse de Noailles* et la *Marie*, chargés de huit cents émigrants, jetaient l'ancre, le 25 août, près de l'Ile Dauphine. Bienville avait déjà choisi le siége de ce nouvel empire, dont les destins et les richesses devaient rivaliser avec l'Eldorado des Espagnols. C'était la Nouvelle-Orléans, qu'un haut avenir attendait en effet, mais dans d'autres mains que celles de la France, et en vertu de principes de richesse publique tout différents de ceux de Law. Quatre-vingts condamnés, qui faisaient partie de l'expédition, furent envoyés pour défricher les taillis qui couvraient le sol de la future cité et y préparer des abris pour les émigrants. Trois ans après, c'était encore un désert où campaient environ deux cents personnes, au milieu des roseaux. En 1721, Bienville rétablissait sur la plage aride de Biloxi le chef-lieu des établissements français de la Louisiane.

En 1719, la guerre avait éclaté entre la France et l'Espagne. De Sérigny s'empara en quelques heures de Pensacola, que les Espagnols reprenaient quarante jours après, attaquant à leur tour nos positions sur l'île Dauphine et sur la rivière Mobile. Une seconde fois Pensacola retombait entre nos mains et n'était rendu à l'Espagne qu'à la paix de 1721. Cette année même Bernard de Laharpe tenta pour la seconde fois de fonder une colonie française près de la baie de Matagorda. Il n'obtint d'autre résultat que d'irriter les naturels contre nous et de déterminer les Espagnols à se fortifier sur ce point.

Le régent continuait à distribuer de la main la plus libérale des concessions de terres en Louisiane, soit à des particuliers, soit à des compagnies. Law, plus que jamais en faveur, avait obtenu dans l'Arkansas une immense étendue de prairies. Il voulait les mettre en culture, y fonder des villes et des villages, et réunir ainsi bientôt un noyau de six mille colons. Il n'y épargnait point son trésor, il est vrai, et, pendant que ses agents semaient des présents dans les tribus indiennes, il avait acheté trois cents nègres, et pris à son service toute une troupe d'émigrants allemands. Au bout de quelques mois ses dépenses s'élevaient à dix-huit cent mille livres. Mais la chute du système devait entraîner prochainement la ruine de ces entreprises. Aux espérances insensées qu'avait fait naître la description des richesses présumées de la Louisiane avaient succédé la méfiance et le découragement. L'illusion avait cessé, et les actions du Mississipi étaient entièrement discréditées. Un jésuite visita en 1727 le théâtre des derniers efforts de colonisation de Law : il n'y trouva qu'une trentaine de Français, abandonnés à eux-mêmes et sans autres moyens d'existence que les produits d'un sol incroyablement fertile et d'un climat enchanteur. En 1722, la garnison du fort Toulouse s'était révoltée et vingt-six de ses hommes avaient tenté de gagner les établissements anglais de la Caroline. Atteints par Villemont et les Choctas, quelques-uns furent massacrés, les autres conduits à Mobile et exécutés. Le sort des émigrants de la *Victoire*, de la *Duchesse de Noailles* et de la *Marie* ne fut pas plus heureux. Bien peu réussirent dans une partie de leurs projets et de leurs espérances, et la plupart succombèrent à la fatigue et à la maladie, ne trouvant pas même une sépulture chrétienne sur cette terre promise de leurs rêves et de leur ambition.

La nation des Natchez habitait les régions les plus fertiles des bords sud-ouest du Mississipi. Au centre de chacun de leurs villages s'élevait un réceptacle mortuaire, édifice de forme ovale, d'une circonférence d'une centaine de pas, sans fenêtres, et n'ayant, en guise de porte, qu'une ouverture latérale et étroite. Cet édifice renfermait les fétiches les plus précieux de la nation et l'on y réunissait les ossements des morts. Des gardiens spéciaux y entretenaient un feu perpétuel. Les palissades qui l'entouraient étaient garnies de lugubres trophées de victoire. Parfois, pendant ces terribles ouragans des contrées intertropicales, qui dévastent les forêts et renversent les habitations, des mères jetaient, aux applaudissements des tribus terrifiées, leurs enfants dans les flammes pour apaiser le courroux du génie du mal. La hutte du grand chef de la tribu, qui se disait fils du soleil, s'élevait auprès du temple; les wigwams des Indiens se groupaient autour. Leurs souvenirs d'amour, de gloire, de chasse, leur vie tout entière se rattachait à cette enceinte. C'est là que le jeune guerrier, prosterné vers l'orient, adorait les rayons du soleil levant; c'est là qu'il achetait sa fiancée, qu'il prêtait l'oreille aux révélations des songes et invoquait les sorciers dans sa maladie. C'est là qu'on torturait les prisonniers, qu'on recevait les ambassades et qu'on décidait de la paix ou de la guerre. C'est là qu'enfin, à la mort du grand chef, on étranglait des guerriers de son âge, pour lui servir d'escorte dans le pays des ombres. Nulle part, chez les nations américaines, le pouvoir n'était plus près du despotisme. Les Natchez avaient une aristocratie. Sous les autres rapports, leur civilisation ne différait pas de celle des Choctas et des autres nations du Nord, mais leurs mœurs étaient plus sensuelles et plus efféminées.

Chopart, le commandant du fort Rosalie, construit sur le territoire des Natchez, avait choisi, pour l'emplacement d'une grande exploitation agricole, le village de la Pomme, le principal de leurs établissements. Le chef, mandé près de lui, reçut l'ordre de faire évacuer les wigwams. En vain rappela-t-il à Chopart le bon accueil que les Français avaient reçu des Natchez. « Le même soleil nous a éclairés, disait-il, la même
» terre nous a nourris, a reçu nos tombeaux et passera
» à nos enfants. Pourquoi nous ravir les prairies que
» nous avons partagées avec les Français, les cabanes
» où nous les avons reçus, la natte où nous avons fumé
» ensemble le calumet de paix ? » Chopart s'obstine et accorde, pour l'évacuation, un délai de vingt-quatre heures, que les Indiens durent même acheter par un tribut en grains. Le chef Natchez assemble alors les anciens du village et le massacre des Français est résolu. Le Grand-Soleil approuve le complot, des

Choctas s'y joignent et le jour est fixé. Cependant, malgré le profond secret qui avait été gardé, la mère du Grand-Soleil avait pénétré ces desseins; sans les révéler entièrement aux Français, avec l'un desquels elle avait eu une liaison, elle leur en dit toutefois assez pour les mettre sur leurs gardes. Chopart, averti, traita de lâches les donneurs d'avis et les fit arrêter.

Le 28 novembre les Indiens se rendaient en foule chez le commandant du fort Rosalie, pour lui remettre leur tribut de grains. Ils se dispersaient ensuite, sous divers prétextes, dans les habitations. Des coups de feu donnèrent le signal du massacre. Chopart est aussitôt égorgé, ses soldats mis en pièces, et les mêmes scènes se répètent dans la campagne. Le 29 au matin, l'œuvre de sang était complète; les Natchez n'avaient pas respecté le P. du Buisson, missionnaire des Arkansas, qui était venu prêcher chez eux et visiter leurs malades. Du Codè, le chef du poste établi chez les Yasoos, fut tué en voulant défendre le père. Le capucin qui dirigeait la mission de la Pomme se trouvait absent, par hasard, au moment du massacre. A son retour, il fut atteint d'un coup de feu, près de sa cabane, et un nègre tomba à ses côtés. A l'exception des jeunes femmes et des enfants, qui furent réservés pour l'esclavage, toute la population blanche, qui s'élevait à sept cents personnes environ, périt dans ce désastre. Les massacre terminé, les Indiens pillèrent les habitations, détruisirent le fort, après en avoir enlevé les armes et les munitions de guerre, et égorgèrent la garnison du poste de Yazoos. La tête de Chopart et celles de ses officiers furent jetées aux pieds du grand chef, qui, pendant l'horrible drame, fumait nonchalamment son calumet, assis dans le magasin de la compagnie. Les chiens et les oiseaux de proie se disputèrent leurs cadavres. Les établissements voisins ne durent leur salut qu'à la mésintelligence qui se glissa chez les Natchez et leurs alliés. Ceux-ci, se voyant devancés, n'osèrent agir séparément, et craignirent d'attaquer les Français, revenus de leur surprise et disposés à une défense énergique.

Le massacre de la Pomme terrifia les habitants de la Nouvelle-Orléans, et des messagers en portèrent aussitôt la nouvelle aux Illinois, aux Choctas et aux Cherokees. Chaque maison se garnit d'armes, chaque village s'entoura d'un fossé. Les nègres, dont le nombre dépassait de beaucoup celui des blancs, montraient du penchant à la révolte, mais Le Sueur parvint non-seulement à les contenir, mais encore à s'assurer leur concours. Loubois réunit sur les bords du Mississipi les forces françaises (1730). Les Natchez célébraient encore, dans des fêtes, le massacre de nos colons. Les Choctas les surprirent dans la nuit du 28 janvier, délivrèrent les prisonniers et se retirèrent avec soixante chevelures. Le 9 février, Loubois complétait la victoire. La tribu des Natchez n'existait plus. Ses débris cherchèrent un refuge de l'autre côté du Mississipi (1731), dans les retraites de l'ouest et chez les Chickasas et les Muskogees. Le Grand-Soleil et quatre cents guerriers furent embarqués pour Saint-Domingue et vendus comme esclaves. De Loubois, après avoir relevé le fort Rosalie, ramena à la Nouvelle-Orléans les femmes et les enfants enlevés par les Natchez.

La compagnie s'étant enfin décidée (1732) à abandonner un privilége dont les charges dépassaient les avantages, la Louisiane fit retour à la couronne de France (1735), et Bienville en reçut le gouvernement. Son premier soin fut d'assurer la sécurité des frontières. Instigateurs du massacre du 28 novembre et persévérants dans leur vieille haine, les Chickasas interrompaient les communications entre Kaskakia et la Nouvelle-Orléans. Ils inquiétaient nos établissements, accueillaient dans leurs villages les marchands de la Caroline, tentaient même d'ébranler l'amitié éprouvée des Illinois. Mais les tribus du nord étaient venues offrir leur secours aux Français. « Voici, » avait dit Chicago à Perrier, « le calumet de paix ou la hache » de guerre. Dis un mot et nos braves frapperont tes » ennemis. » Deux ans furent employés en préparatifs contre les Chickasas. En 1736, d'Artaguette envahissait leur territoire, pendant qu'une flottille de trente bateaux et d'autant de pirogues, commandée par

Bienville, faisait voile de la Nouvelle-Orléans pour le fort Condé, sur la Mobile. En seize jours, elle remonta la rivière jusqu'au Tombechee où douze cents Choctas, attirés par des présents, vinrent se joindre à Bienville. Toutes ces forces se dirigèrent vers le lieu qui s'appelle aujourd'hui Cotton-Gin-Port, à une vingtaine de milles environ du principal village des Chickasas. Elles y prirent du canon, et la petite armée se remit en marche. « Le 25 mai au soir, on campa à
» une lieue du village ennemi, pour tomber avant le
» jour sur les Chickasas. Ce fut en vain, les braves
» guerriers qu'on était venu surprendre étaient sur
» leurs gardes. Aidés par des marchands anglais, ils
» avaient organisé leur défense et fortifié leurs retran-
» chements sur lesquels flottait le drapeau britan-
» nique. Deux fois, dans la journée, l'assaut fut donné
» à leur citadelle de bois. Deux fois les Français fu-
» rent repoussés, avec une perte totale de trente
» hommes dont quatre officiers. Le jour suivant se
» passa en escarmouches entre les Choctas et les Chic-
» kasas. Le 29, la retraite finale commença. Le 31,
» Bienville renvoya les Choctas et rembarqua sa
» troupe, après avoir jeté son artillerie dans le Tom-
» becbee [1]. »

Tandis qu'il subissait cet échec, son lieutenant

---

1. *Histoire des États-Unis*, t. II, p. 962-63.

d'Artaguette, accompagné de Vincennes et du P. Sénat, s'avançait avec précaution, à la tête de cinquante Français et d'un millier d'Indiens, et pénétrait par un autre point sur le territoire chickasas. Puis il attendait, campé sur les sources du Yalabusha, l'arrivée des autres forces françaises. Les jours se suivaient, et Bienville ne paraissait pas. Il n'était plus possible de contenir l'impatience des Indiens. D'Artaguette ordonne l'attaque : un fort est emporté; un second encore; mais au troisième, deux blessures le mettent hors de combat, et les Illinois se débandent. C'est un enfant de quatorze ans, Voisin, qui conduit la retraite, sans vivres, emportant les blessés et poursuivi pied à pied par l'ennemi. « Le malheureux d'Artaguette gi-
» sait baigné dans son sang, et près de lui quelques-
» uns des plus braves de sa troupe. Le jésuite Sénat
» aurait pu fuir; mais, insoucieux du danger et n'é-
» coutant que son devoir, il voulut recevoir le dernier
» soupir des blessés. Vincennes aussi, le brave Cana-
» dien, refusa de fuir et partagea la captivité de son
» chef. Selon la coutume indienne, on pansa leurs
» blessures, et tous les soins leur furent prodigués
» dans les wigwams. Enfin, quand Bienville eut effec-
» tué sa retraite, les Chickasas amenèrent leurs pri-
» sonniers dans un champ où se dressait le poteau de
» tortures : l'aventureux d'Artaguette, le pieux Sénat,
» Vincennes dont le nom vivra aussi longtemps que

» les eaux de la Wabash baigneront des demeures
» d'hommes civilisés, tous périrent dans les tourments,
» sauf un seul que les Indiens épargnèrent, afin qu'il
» pût raconter la mort de ses compagnons [1]. »

Bienville ne devait pas venir à bout des Chickasas. Le 30 juin 1739, il marchait de nouveau contre eux, à la tête de douze cents blancs et du double à peu près d'Indiens ou de noirs. Les fidèles Illinois figuraient encore au premier rang de nos alliés. Le fort Assomption, sur l'éminence où s'élève aujourd'hui Memphis, fut le quartier général de l'armée. L'automne se passa en délais pendant lesquels les privations et les maladies firent de nombreuses victimes. Quand on se mit enfin en campagne, au mois de mars de l'année suivante, on rencontra des messagers de paix envoyés par les Chickasas. Bienville s'empressa d'écouter leurs propositions et d'y accéder, malgré leur caractère exigeant, arrogant presque : les forts de l'Assomption et du Saint-François furent démantelés. Cette paix ne coûtait pas à notre orgueil seulement. En laissant aux Chickasas la souveraineté et la propriété absolues des vastes solitudes qui s'étendent entre Bâton-Rouge et Kaskakia, elle coupait les communications de la basse Louisiane avec l'Illinois. Les Chickasas, alliés de l'Angleterre, devenaient à l'ouest le boulevard des possessions de notre rivale.

---

[1]. *Histoire des États-Unis*, t. II, p. 965.

Les subsides de Louis XIV et du cardinal de Fleury, l'héroïsme de la Salle et de d'Yberville, l'intrépidité des colons, le concours des Indiens, le zèle apostolique enfin des missionnaires n'avaient, comme on le voit, abouti, en Louisiane, qu'à de bien faibles résultats, et le dernier échec de Bienville menaçait de rendre tout à fait stériles tant d'efforts successifs.

Les colonies anglo-américaines étaient parvenues en ce moment à un état de prospérité qui devait toujours s'accroître jusqu'au jour de leur émancipation. Depuis 1713, leur population, qui ne dépassait pas alors quatre cent mille âmes, avait presque doublé. Le port de Boston seul construisait en 1738 quarante et un bâtiments d'un tonnage total de 6,324 tonneaux. Le Maine, le Connècticut et New-Haven se livraient aux entreprises maritimes. « Afin que l'instruction ne soit pas enterrée dans les tombes de nos pères, disaient, en 1647, les législateurs de New-Haven et du Connecticut, chaque communauté (*Township*) devra, dès que le Seigneur aura accru jusqu'à cinquante le nombre de ses habitants libres (*Freeholders*), nommer un maître qui enseignera la lecture et l'écriture aux enfants. Toute ville dont la population sera de plus de cent familles établira une école de grammaire. » Un collége, fondé à Boston en 1636, recevait deux ans après une large dotation d'Harvard qui lui a laissé son nom. L'évêque catholique Berkeley, après avoir établi une bibliothèque à Rhode-Island, contribuait à la création des écoles à New-Haven, d'un collége à New-York, et il augmentait les ressources de celui de Boston. Il avait même eu l'idée d'une université où se formeraient des missionnaires et des professeurs, et où les Indiens recevraient les premières notions du savoir européen. Il l'eût réalisée, s'il n'eût trouvé dans le gouvernement anglais plus que de l'indifférence à l'égard de son profit.

On voyait bien, lui répondit-on, ce que le travail et l'accroissement des plantations pouvaient valoir à l'Angleterre; mais quel avantage retirerait-elle jamais des progrès des lettres, des sciences et des arts dans ses colonies américaines? Dédain odieux et absurde, professé par quelques hommes d'État, pour les intérêts moraux et intellectuels des nations! La première imprimerie qu'ait vue le Nouveau-Monde avait fonctionné à Boston dès 1639. C'est à Boston aussi que, le 24 avril 1704, parut *The Boston-News Letter*, son premier journal. L'année même de la première attaque contre la mission du P. Sébastien Rasle voyait naître le quatrième en date des journaux américains, *la Gazette de la Nouvelle-Angleterre*, de James Franklin, avec la collaboration de son frère Benjamin, alors apprenti imprimeur et âgé de quinze ans. Malgré leur état de guerre presque permanent avec leurs voisins, Espagnols ou Français, et malgré les incursions des Indiens, ces colonies avaient su se défendre de l'envahissement de l'esprit militaire. Elles n'entretenaient point d'armée régulière, et quelques soldats suffisaient, en temps de paix, à la sécurité commune. Il y régnait un souffle puissant de cette liberté municipale, qui est la base aujourd'hui des institutions de l'union américaine. Les *Townships* pourvoyaient par leurs magistrats électifs aux soins de leur police et de leur propre gouvernement. Ils disposaient de leurs propres budgets. Ce fut de bonne heure un grief des colonies anglaises contre leur métropole que le droit de taxation directe exercé par le parlement.

Si l'exercice de la liberté civile et politique n'y était pas exempt de troubles et d'orages, ces perturbations s'arrêtaient à la surface du gouvernement et de la société. Magistrats et citoyens savaient faire la part respective de leurs devoirs et de leurs droits. Écoutez plutôt ces nobles paroles qu'accueillent de leurs applaudissements les gens du Massachusetts, un instant égarés. « La liberté civile, qui est la rai-
» son d'être et la fin de l'autorité, ne peut subsister
» sans elle. C'est la liberté de faire seulement ce qui
» est bon, juste et honnête. Cette liberté, vous la
» devez maintenir au risque de vos biens, et même

» de votre vie. Tout ce qui la contrarie, ce n'est
» plus de l'autorité, mais du désordre [1]. » Les idées
de nivellement démagogique, d'égalité absolue, hors
nature, qui ont fait explosion chez nous à une époque
tristement célèbre de notre histoire, ont, dit-on,
passé la mer, et envahi la patrie de Franklin et de
Washington. Ce n'est point suivre la tradition de ces
grands citoyens ni respecter leurs principes, que de
prétendre, au nom de la liberté, mettre en application de telles idées. Jefferson lui-même, plus avancé
que Washington et Franklin dans les voies démocratiques, ne les a pas répudiées avec moins d'énergie
et de force.

Il n'entre pas dans le plan de ce livre de retracer le
concours de circonstances auxquelles la Nouvelle-Angleterre était redevable de cette prospérité et de cette
liberté. Bornons-nous à dire qu'elle en devait plus de
reconnaissance à elle-même qu'à la mère patrie. Les
colonies anglo-américaines avaient eu plus d'une fois
à défendre contre la métropole leur régime intérieur,
les franchises et les droits de leurs citoyens. Il suffit
de rappeler Charles II et le Massachusetts; Berkeley et
la Virginie; Andros et le Connecticut et New-York.
Elles avaient dû, presque seules, porter le poids de
cette lutte incessante avec la France, dont le dénoû-

---

1. Bancroft, t. I, p. 327.

ment approche. Les rôles respectifs de métropole à colonie étaient intervertis, tant les secours de Londres se faisaient attendre et étaient distribués d'une main parcimonieuse. Au point de vue économique, l'Angleterre semblait traiter ses possessions transatlantiques comme Scipion ces *faux fils* de l'Italie auxquels l'orgueilleux Romain adressa, certain jour, une apostrophe restée célèbre. Jamais on ne vit application plus scandaleuse et plus avide de ces contrats, toujours léonins, que l'on nomme pactes coloniaux. L'acte de navigation de 1651 portait que désormais le commerce de l'Angleterre, non-seulement avec ses colonies, mais avec le reste du monde, ne pourrait se faire que par des navires d'origine et de possession anglaise, et montés principalement par des Anglais. Les étrangers n'étaient admis à importer en Angleterre que les produits de leurs propres pays ou ceux dont ces pays étaient l'entrepôt. Cet acte, inspiré à Cromwell par sa jalousie du grand développement du commerce maritime des Hollandais, trouvait des précédents dans le droit public d'alors et notamment dans la législation des Espagnols et des Portugais. La politique pouvait l'expliquer, et l'illustre auteur de *la Richesse des Nations*, par une de ces inconséquences qui témoignent trop éloquemment de l'empire des préjugés vulgaires, même sur les esprits les plus fermes, Adam Smith, tandis qu'il le flétrissait, au point de vue moral, comme une insigne violation des lois de l'humanité, n'hésitait pas à l'approuver comme mesure d'État et de sûreté nationale.

Les colonies anglo-américaines ne s'étaient d'ailleurs ni froissées ni inquiétées de l'acte de 1651. Ceux qui le suivirent, les actes de 1660, 1663, 1672, les émurent profondément. Il était désormais évident que l'Angleterre voulait se réserver le monopole et les avantages de toute la production industrielle et commerciale de ses colonies. Ainsi il était fait deux parts des produits américains. Ceux dont l'industrie anglaise ne redoutait pas la concurrence avec ses propres produits, le sucre, le tabac, l'indigo, le coton, les bois de teinture, ne pouvaient, sous peine de confiscation et de forfaiture, être expédiés qu'à destination des seuls ports anglais. Quant aux autres marchandises, elles devaient être portées dans les ports étrangers les plus éloignés des côtes anglaises. Personne, autre que les Anglais de naissance, ne pouvait être facteur ou marchand sur les plantations. Les produits que les colonies du sud avaient continué d'expédier, sous l'empire de l'acte de navigation, dans celles du nord étaient frappés d'un droit égal à celui qui pesait sur ces mêmes produits importés en Angleterre. La cupidité des marchands de Londres et de Bristol ne connaissant plus de bornes, le parlement en vint, enfin, par un dernier acte, à interdire aux Américains, non-seulement la fabrication des articles susceptibles de faire concurrence aux produits indigènes anglais sur les marchés étrangers, mais celle encore des articles de consommation locale qu'ils tiraient de leur propre travail [1] !

1. V. Adam Smith, *Recherches sur la nature et les causes de la richesses des nations*, in-18, Ed. Guillaumin, t. II, p. 220 et suiv.

CHAPITRE VI

LA TRAITE DES NOIRS ET LA GUERRE DE 1739

Sommaire. — L'esclavage et Las Casas. — Traite des noirs : ses développements; part qu'y prend l'Angleterre. — La guerre de l'Angleterre avec l'Espagne : ses causes. — La France y prend part : opérations militaires. — Paix d'Aix-la-Chapelle. — Maintien du *statu quo antè bellum* : motifs de l'Angleterre.

Quelques historiens, que l'on a crus sur parole et répétés sans contrôle, Robertson entre autres, ont porté contre la mémoire du vénérable Las Casas une accusation grave et injurieuse, celle d'avoir été le premier inspirateur de l'esclavage et du trafic des noirs. La vérité est qu'à son retour en Espagne, où il venait plaider la cause des Indiens, victimes de la cruauté et de la cupidité de ses compatriotes, Las Casas rencontra chez plusieurs grands personnages, notamment chez Fonseca, le persécuteur acharné de Colomb, une résistance invincible à ses plaintes et à ses vœux. C'est alors qu'en l'absence de tout autre moyen, il songea à remplacer les Indiens par les nègres sur les plantations du Nouveau-Monde. Les nègres, disait-on, supportaient mieux que les Indiens le rude travail des pays intertropicaux; là où les Indiens succombaient par centaines, les nègres prospéraient et se multipliaient. Ils étaient, d'ailleurs, accoutumés à l'esclavage dans leur pays natal, ils y étaient tous les jours massacrés dans les combats ou dans les sacrifices. N'appartenaient-ils pas enfin à une race moralement et physiquement inférieure, à une race condamnée, dans les idées du temps, à une irrémissible dégradation? Ces considérations, et surtout, je le répète avec Herrera, l'historien des grandes Indes, le manque d'un autre remède déterminèrent Las Casas. C'était, sans doute, faillir à la justice qui repousse le bien fait à l'un au détriment de l'autre. Mais cette erreur ne provenait pas chez Las Casas d'un calcul intéressé. Ce n'est pas lui, sa vie entière repousse cette supposition, qui eût jamais condamné les noirs à la servitude. De fait, son premier voyage dans le Nouveau-Monde remonte à 1502. Une ordonnance royale y avait, dès 1501, permis l'introduction de nègres esclaves. A diverses époques, toutes antérieures à 1517, Ferdinand et Charles-Quint avaient envoyé, *à cause de la faiblesse des Indiens*, des nègres travailler aux mines. Les Portugais n'avaient pas attendu Las Casas, qui naquit en 1474, pour se livrer au trafic des noirs [1].

Le goût des établissements d'outre-mer, si vif chez

---

1. W. Irving, *Vie de Christophe Colomb*, éd. Bohn, t. III, p. 887-889.

les nations européennes, pendant une période de plus
de deux siècles, ne tarda pas à donner un puissant
essor à ce commerce nouveau. La traite des nègres
prit les allures régulières du commerce civilisé ; les
armateurs de bâtiments négriers ouvrirent des comp-
toirs et des factoreries. Les navigateurs explorèrent
tous les replis des côtes africaines, non plus dans l'espoir, comme aux temps glorieux des Henri de Portugal, des Vasco de Gama et des Colomb, d'ajouter à la
carte du monde des continents nouveaux, mais pour
trouver des marchés de bétail humain plus abondants.
Combien d'hommes furent ainsi enlevés à leur pays
natal pour être soumis au plus dur esclavage ? Au calcul de Raynal, ce chiffre, depuis le commencement de
la traite jusqu'en 1770, ne s'élèverait pas à moins de
neuf millions, et M. Albert Hüne le juge encore au-
dessous de la vérité. Nous croyons, avec M. Bancroft,
à l'exagération de ce chiffre ; mais, quel qu'il soit, il
restera toujours trop fort pour l'honneur de l'humanité,
pour l'honneur particulièrement de l'Angleterre, dont
les navires, dans une période de cent ans, n'ont pas
exporté d'Afrique moins de trois millions de noirs, et
dont les marchands n'ont pas encaissé, à l'aide de cet
infâme trafic, moins de deux *milliards* de francs[1].

1. « Nous ne nous tromperons pas beaucoup en évaluant en bloc à
3 millions, pour le siècle qui précède la suppression de la traite des
noirs par le congrès américain, le nombre des nègres importés par les

Chacun connaît la scène fameuse qui eut lieu au sein du parlement anglais. Jenkins vint dénoncer à son pays le traitement que lui avait fait subir un capitaine espagnol. Il raconta en termes véhéments ses avanies et la perte de ses oreilles. Interpellé par le président des Communes sur ses sentiments intimes dans ces heures de transes et de tortures, il répondit fièrement :
« Je recommandai mon âme à Dieu et ma cause à mon
» pays ! — Nous n'avons plus besoin d'alliés pour
» nous faire rendre justice ! s'écria Pulteney : l'his-
» toire de Jenkins lèvera pour nous des volontaires. »
« C'était un bien grand orateur que ce matelot, » dit quelque part M. Villemain, non sans ironie à l'endroit de Pulteney et des autres meneurs de l'opposition. « C'était un contrebandier, dit à son tour M. Bancroft, peut-être même un pirate. Son histoire était une fable; sa réponse lui avait été dictée. » Ce ne furent ni les prétentions de l'Angleterre dans la baie de Honduras, ni le règlement des frontières entre la Caroline

---

Anglais dans les colonies espagnoles, françaises, et dans leurs propres possessions d'Amérique et des Indes. Nombre auquel il faut ajouter deux à trois cent mille noirs achetés en Afrique, et jetés dans l'Atlantique pendant la traversée. Les bénéfices bruts des marchands anglais sur ce nombre d'esclaves peuvent être évalués à quatre cents millions de dollars. Encore, comme la moitié au moins des nègres exportés d'Afrique en Amérique étaient transportés sur des navires anglais, il faut remarquer que cette estimation est très-inférieure à toutes celles que donnent les statisticiens de la perversité humaine. » (Bancroft : *Histoire des États-Unis*, t. II, p. 998.)

et la Floride, ou celui des indemnités pendantes entre le roi d'Espagne et la compagnie anglaise du Sud, ni les prétendues cruautés exercées sur Jenkins, qui déterminèrent entre les deux nations la rupture de 1739. Elle n'eût pas éclaté si les marchands anglais n'avaient voulu, à tout prix, forcer l'Espagne à souffrir une contrebande, dont la Jamaïque était devenue le refuge et l'entrepôt ; si, non contente du monopole de l'importation des nègres dans les colonies espagnoles qu'elle tenait du traité d'Utrecht, la Grande-Bretagne n'avait résolu de confisquer à son profit tout le commerce espagnol, et si elle n'avait, depuis 1707, négligé aucun moyen pour y arriver.

C'est une justice à rendre à Walpole qu'il voulut la paix sincèrement et jusqu'au bout. « Il ne faut, » répondait-il à William Pitt, qui s'essayait à son rôle futur ; « il ne faut pas grande habileté à un ministre » pour prendre telles mesures qui rendent une guerre » inévitable. Mais est-il beaucoup de ministres qui » aient connu l'art d'éviter la guerre, en faisant une » paix honorable ? » Le cardinal de Fleury, déjà vieux, n'avait pas plus de goût pour la guerre. Il n'eût peut-être pas souscrit lui-même à la promesse d'un secours de cinquante vaisseaux que le roi d'Espagne obtint de Louis XV. La promesse faite, il s'appliqua à en définir la véritable portée : ce n'était point, disait-il, le signal d'une déclaration de guerre à l'Angleterre. Le désir et le but de la France étaient de réconcilier les belligérants. Cependant la France, sans être liée par un traité particulier avec l'Espagne, ne pouvait consentir à ce que les colonies de cette puissance tombassent entre les mains de l'Angleterre. Elle ne pouvait non plus accepter que celle-ci s'emparât du commerce entier des Indes. S'il ne le disait pas tout haut, Fleury pensait avec raison que l'agression de l'Angleterre donnait à la France, en raison des liens de famille qui l'unissaient à la couronne d'Espagne, le droit de surveiller et au besoin de déjouer les projets ambitieux et immoraux d'une rivale commune.

Les choses restèrent en suspens jusqu'en 1744, année où Louis XV déclara la guerre à l'Angleterre, devenue l'alliée de l'Autriche. La nouvelle officielle de cette déclaration n'était pas encore parvenue en Amérique quand les hostilités y commencèrent. Un détachement français du cap Breton surprit la garnison de Canseau, la fit prisonnière et détruisit la pêcherie et le fort. Les Indiens de Le Loutre avaient attaqué Annapolis, et n'en avaient été repoussés qu'avec peine. Aidée par les habitants de la province, français d'origine, une deuxième tentative pouvait réussir et l'Acadie redevenir française. Les prisonniers de Canseau avaient été conduits à Louisbourg. Renvoyés à Boston sur parole, ils donnèrent sur Louisbourg des détails qui firent naître chez le gouverneur du Massachusetts,

Guillaume Shirley, l'idée de s'en emparer. Après quelque hésitation, la législature locale y consentit. New-York envoya de l'artillerie; la Pensylvanie des provisions. Le Massachusetts, le Connecticut et le New-Hampshire fournirent les hommes. La devise de ces derniers était celle d'Oglethorpe, le fondateur de la Géorgie : « il ne faut désespérer de rien avec le Christ pour chef. » Toutes ces forces réunies s'élevaient à quatre mille hommes. On avait demandé au commodore Warren, qui stationnait aux îles Sous-le-Vent, le concours du plus grand nombre possible de ses vaisseaux. Mais, en l'absence d'ordres venus d'Angleterre, il crut devoir s'abstenir, et la petite armée, abandonnée à elle-même, se réunit à Canseau, sous le commandement suprême de Guillaume Pepperell, marchand du Maine.

M. Bancroft a tracé une peinture piquante et pittoresque de cette armée improvisée. L'un proposait un équipage de ponts volants à l'aide desquels on escaladerait les murailles, même avant l'ouverture de toute brèche. Un autre avait trouvé un préservatif contre les mines. Un troisième offrait à son général, aussi peu familier que lui avec la guerre, un projet de campement, d'ouverture des tranchées, de placement des batteries. Shirley proposait d'armer une centaine de petits bâtiments, de débarquer de nuit sur le rivage, et, marchant sur la ville à travers les fourrés et les ravins, d'enlever, par surprise, à la pointe du jour, la forteresse et les batteries ennemies. Le gros du corps expéditionnaire était composé de pêcheurs qui avaient apporté avec eux leurs instruments de pêche dans le but d'utiliser les loisirs du siége; d'ouvriers, de bûcherons, de laboureurs, familiers d'ailleurs avec les armes à feu et les surprises nocturnes des Indiens; de gens d'église qu'accompagnaient généralement leurs femmes et leurs enfants. Les glaces du cap Breton chassaient en telles masses qu'elles rendaient les côtes inaccessibles, et retinrent plusieurs jours la flottille de la Nouvelle-Angleterre à Canseau. Tout à coup, par un ciel clair et un soleil brillant, l'escadre du commodore Warren apparut. Il venait précisément de décliner l'entreprise. Mais en même temps étaient arrivés d'Angleterre des ordres qui lui enjoignaient de prêter aide au Massachusetts. Aussi, ayant appris en mer l'embarquement des troupes, avait-il fait route directement pour Canseau. Le lendemain neuf vaisseaux amenaient les forces du Connecticut[1].

Le 31 avril, l'expédition arrivait en face de Louisbourg. C'était une place ceinte de hautes murailles, de fossés profonds, bastionnée et pourvue d'une nombreuse artillerie. Deux batteries défendaient le port : l'une placée sur une île et forte de trente obusiers; l'autre,

---

1. *Histoire des États-Unis*, t. II, p. 1031.

sur le rivage, dite la batterie Royale, et armée de trente canons de gros calibre. Les assiégeants n'avaient que dix-huit canons et trois mortiers. Ils opérèrent avec succès leur débarquement, et poussant vivement les Français, ils ne s'arrêtèrent que devant la ville. Un de leurs détachements prenait position le lendemain au nord-ouest du port. Pris de panique, les défenseurs de la batterie Royale l'abandonnèrent, enclouant leurs canons. Le lendemain, les Français essayaient vainement de la reprendre. Ignorants de toute règle de l'art militaire, les assiégeants n'avaient ni tracé de zigzags, ni élevé d'épaulements. Instinctivement, cependant, ils dressèrent des batteries revêtues de fascines. Pour les armer, il fallut, à raison du terrain impraticable aux voitures, mettre les pièces sur des traîneaux que les soldats, enfonçant dans la boue jusqu'aux genoux, transportaient à l'aide de bricoles.

« Le siége marchait ainsi à l'aventure. Les hommes
» connaissaient mal la stricte discipline ; ils n'avaient
» pas de campement régulier ; dépourvus de tentes
» pour les abriter des brouillards et des rosées, ils
» logeaient dans des cabanes faites de gazon et de
» branchages, et couchaient sur la terre. Le temps,
» cependant, était beau, et l'atmosphère, ordinaire-
» ment chargée de brumes épaisses, demeura, tout le
» temps du siége, singulièrement sèche. Quand ils
» n'étaient pas de service, les hommes passaient tout

» le jour en amusements, tirant à la cible, pêchant,
» chassant, et ramassant les projectiles ennemis. La
» faiblesse de la garnison, forte seulement de six cents
» réguliers et d'un millier environ de miliciens bre-
» tons, interdisait les sorties. Les chasseurs, non moins
» attentifs à l'ennemi qu'au gibier, rendaient impos-
» sibles les surprises par terre, tandis que la flotte de
» l'amiral Warren gardait les approches par mer [1]. »

Le siége, cependant, n'avançait pas. Quatre ou cinq attaques contre la batterie de l'île avaient échoué. Cet insuccès irrita les assiégeants. Quelques centaines d'hommes de bonne volonté, sous le commandement d'un chef choisi par eux, entreprirent de l'enlever nuitamment. Mais leurs bateaux sont découverts. Un feu vif repousse les assaillants dont une partie seulement peut descendre dans l'île. Après une heure de combat, ils sont obligés de regagner leurs embarcations, laissant soixante morts et une centaine de prisonniers aux mains des Français. De nouvelles batteries s'élèvent ; l'une contre la batterie de l'île, les autres contre la porte nord-ouest de Louisbourg. Leur feu est impuissant à ouvrir la brèche, et on convient d'une attaque générale : Warren, avec ses vaisseaux, bombardera le corps de la place ; les troupes de terre donneront en même temps l'assaut à la batterie.

1. *Histoire des États-Unis*, t. II, p. 1033.

Les ouvrages étaient de force à résister à ce double effort. Mais les assiégés étaient mécontents, et du Chambon, leur chef, connaissait mal ses devoirs. La prise, sous ses yeux, du *Vigilant*, vaisseau de 74, chargé de ravitailler Louisbourg, acheva de le décourager. Il aurait dû plutôt s'inspirer de la belle résistance de ce vaisseau qui, tombé dans l'escadre anglaise, n'amena son pavillon qu'après un combat de plusieurs heures contre des forces bien supérieures. Le 17 juin, il rendit la place. « Dieu, disaient en y entrant les assié-
» geants, Dieu est sorti, cette fois, d'une manière bien
» visible et presque miraculeuse des voies ordinaires
» de sa providence ; il a fallu son intervention pour dé-
» cider les Français à nous abandonner cette forte
» place. Quand la nouvelle de ce succès parvint à Bos-
» ton, les cloches sonnèrent joyeusement ; le peuple
» entier fut transporté de joie. C'est ainsi que la pre-
» mière forteresse du nord de l'Amérique capitula de-
» vant une armée de fermiers, d'ouvriers et de pêcheurs
» indisciplinés. Ce fut le plus grand succès remporté
» par les Anglais pendant la guerre[1]. »

L'année suivante (1746), le duc d'Anville se proposait de prendre une revanche éclatante de l'échec de Louisbourg ; les vents, les naufrages, les fièvres ravagèrent sa belle flotte. Il mourut, et son successeur se

---

1. *Histoire des États-Unis*, t. II, p. 1035.

suicida : on n'entreprit rien. En 1747, Anson et Warren défirent une nouvelle flotte chargée de troupes à destination du Canada. A part quelques faits d'armes insignifiants, tels que la prise par les Français et les Indiens du fort Massachusetts, il n'y a plus rien à relever dans cette campagne. Le traité d'Aix-la-Chapelle allait, du reste, mettre fin aux hostilités.

Ce traité, presque aussi célèbre que celui d'Utrecht, laissait bien des questions à l'état de litige et d'indécision. En Europe, après une grande effusion de sang, après Fontenoy, Lawfeld, Raucoux, les choses se retrouvaient, la paix signée, dans le *statu quo ante bellum*. Une nouvelle puissance, cependant, avait surgi : c'était la Prusse, prête, sous son vrai fondateur, Frédéric le Grand, à jeter désormais le poids de son épée dans la balance des conflits européens. En Amérique, les frontières des possessions respectives de la France et de l'Angleterre restaient indéterminées. La marine britannique avait gagné un nouveau renom ; mais les colonies anglo-américaines avaient pris une foi plus grande en leurs propres forces et en leurs futures destinées.

La politique constante de celles-ci était de mettre les deux nations aux prises. Nicholson, après la chute de Fort-Royal, avait couru en Angleterre solliciter de St.-John des secours qui permissent la conquête du Canada. Après la prise de Louisbourg, Shirley et War-

ren concertèrent le même projet. Les colonies au nord de la Virginie offraient à elles seules, pour cette entreprise, un contingent de huit mille hommes. On pourrait croire que ces sacrifices étaient inspirés aux colons par la haine de la France et un profond attachement pour l'Angleterre. Les événements ultérieurs ont prouvé que tels n'étaient pas les mobiles de leur conduite. Les colonies suivaient leur tactique : affaiblir la France, le seul obstacle à leur future indépendance. La flotte demandée par Shirley ne vint pas; l'armée provinciale fut même licenciée. C'est que le duc de Newcastle, plus avisé que ne le fut Chatam quelques années plus tard, devinait le piége que les Américains ne cessaient de tendre à la politique anglaise. On entrevoyait déjà ces tendances à New-York en 1748, et un voyageur suédois, Pierre Kalm, qui s'y trouvait alors, a déduit ainsi les raisons qu'avait l'Angleterre de ménager les Français : « Les colonies an-
» glaises de cette partie du monde ont tellement grandi
» en richesse et en population qu'elles peuvent lutter
» avec la vieille Angleterre. Mais la métropole, pour
» maintenir son commerce et son pouvoir, leur a in-
» terdit l'établissement de nouvelles manufactures qui
» pussent lutter avec celles de l'Angleterre. On n'y
» peut extraire l'or et l'argent qu'à la condition de les
» embarquer immédiatement pour l'Angleterre. A part
» quelques ports déterminés, le commerce n'est libre

» qu'avec les possessions anglaises; les étrangers sont
» absolument exclus du marché américain. Il y a beau-
» coup d'autres restrictions semblables. Ces abus et
» ces vexations ont beaucoup altéré l'amitié des colo-
» nies anglaises pour leur mère patrie. . . . .
» . . . .
» J'ai entendu, non-seulement des Américains de nais-
» sance, mais encore des émigrants anglais dire tout
» haut que, dans trente ou cinquante ans, les colonies
» du nord de l'Amérique formeraient probablement
» un État complétement indépendant de l'Angleterre.
» Mais comme le pays du côté de la mer est tout à fait
» sans défense et que les Français rendent la fron-
» tière peu sûre, ces dangereux voisins entretiennent
» forcément dans les colonies un reste d'affection
» pour la métropole. Le gouvernement anglais a donc
» raison de considérer la présence des Français dans
» le nord de l'Amérique comme la force la plus capa-
» ble de maintenir les colonies dans le devoir[1]. »

1. *Histoire des États-Unis*, t. II, p. 1037.

CHAPITRE VII

PRÉLUDES DE LA GUERRE DE SEPT ANS
LA VALLÉE DE L'OHIO

Sommaire. — Les alliances indiennes : lord Howard ; Dinwiddie et les six nations; de la Barre. — La Galissonnière et Clinton. — Les Acadiens : projets du gouvernement anglais à leur égard. — Gist et la vallée de l'Ohio. — Premières hostilités : Washington et Jumonville.

Nous savons avec quel soin les deux puissances rivales qui se disputaient la possession de l'Amérique du Nord cherchaient à se ménager des alliances au sein des populations indigènes. Nous savons aussi quel prix elles attachaient particulièrement à l'amitié de la puissante confédération des cinq nations connues sous le nom générique d'Iroquois.

Dès la naissance de leurs premiers établissements, les Français s'étaient habitués à trouver les Iroquois, soit personnellement, soit comme alliés des Anglais, au premier rang de leurs ennemis. De 1600 à 1615, Champlain avait envahi à trois reprises le territoire des Mohawks, et s'était vu constamment repoussé. De

1622 à 1660, sourds à toute proposition de paix, les Iroquois n'avaient cessé d'inquiéter et de ravager nos établissements, arrêtant les progrès de notre commerce, se signalant, entre tous les Indiens, par leur férocité et par une hardiesse d'entreprise qui s'attaquait jusqu'à Québec lui-même (1660). S'il fallait, comme le disait Denonville, un miracle pour sauver le Canada en 1688, c'est aux Iroquois, plus encore qu'aux Anglo-Américains qu'il convient, d'attribuer cette situation quasi désespérée. Ni l'expédition téméraire de de la Barre, qui se termina par une paix obtenue à grand'peine, ni la trahison dont le P. Lamberville, le missionnaire des Onondagas, fut l'instrument involontaire[1], ni les incursions armées qui la suivirent (1688), ni l'érection du fort Niagara, ne purent désarmer les Iroquois. Douze cents d'entre eux s'étaient réunis sur les bords du lac Saint-François, et de là menaçaient Montréal, qui n'en est qu'à deux heures de marche. Les Français durent solliciter la paix de leurs ennemis, qui

---

1. « Les vieillards des Onondagas appelèrent Lamberville en leur présence. « Nous aurions plusieurs raisons de te traiter en ennemi, si nous ne te connaissions trop bien. Tu nous as trahis; mais la trahison n'était pas dans ton cœur; fuis donc; car nos jeunes hommes, quand ils auront entonné leur chant de guerre, n'écouteront que la voix tumultueuse de leur colère. » Et des guides conduisirent le missionnaire en lieu sûr. Le chef Garonkonthié fut l'instigateur de ce noble procédé. Barbares généreux ! votre nom durera si mes paroles peuvent assurer la mémoire de votre action. (*Histoire des Etats-Unis*, t. II, p. 602-63.)

y mirent pour condition *sine qua non* la reddition de leurs chefs, traîtreusement arrêtés au fort Niagara, et envoyés sur les galères de Louis XIV à Marseille.

Les Anglais, de leur côté, caressaient l'alliance des Iroquois. Lord Howard d'Effingham, gouverneur de la Virginie, et Dongan, gouverneur de New-York, avaient traité en 1684 avec les sachems des Mohawks, des Onondagas, des Cayugas et des Senecas. Les haches de guerre furent enterrées ; la chaîne d'alliance rendue « brillante comme de l'argent, » et le chant de paix entonné. « Frère Corlaër (Dongan), dit l'orateur des
» Onondagas et des Cayugas, votre chef est un grand
» sachem, et nous sommes un petit peuple. Lorsque
» les Anglais abordèrent pour la première fois aux ri-
» vages de la baie de Manhattan, du Maryland et de
» la Virginie, ils étaient nombreux et nous étions
» grands. Parce que nous vous avons trouvé de bon-
» nes gens, nous vous avons bien traités, et nous
» vous avons donné des terres. Maintenant que vous
» êtes grands et que nous sommes petits, vous nous
» protégerez, nous l'espérons, contre les Français.
» Ceux-ci sont irrités contre nous, parce que nous ap-
» portons des castors à nos frères... Quand Onondio
» (le gouverneur), le sachem du Canada, répondit l'ora-
» teur des Senecas à l'envoyé de de la Barre, nous
» menace de la guerre, pourquoi nous enfuirions-
» nous ? Nous resterons tranquilles dans nos wigwams.

» Nos chasseurs de castors sont des gens braves, et le
» commerce des castors doit être libre [1]. » Paroles remarquables, qui définissent bien la nature et les causes de l'alliance qui tendait, dès lors, à se former entre les Anglais et les Iroquois, et qui se resserra toujours jusqu'à notre expulsion du Canada. Le nœud de cette alliance ce fut le commerce et non l'amitié. Quand de la Barre voulut faire la paix avec les cinq nations, les Mohawks s'y refusèrent à l'instigation des Anglais. Mais, inspirés par une pensée d'équilibre entre les deux nations rivales, les autres confédérés y souscrivirent. Un chef onondaga prit le ciel à témoin de son ressentiment de l'intervention des Anglais. « Onondio !
» s'écria-t-il fièrement devant l'envoyé de New-York,
» Onondio a été pendant dix ans notre père ; Corlaër
» a été longtemps notre frère. Mais c'est que nous l'avons voulu ainsi : ni l'un ni l'autre n'est notre maître. Celui qui a fait le monde nous a donné la terre
» que nous habitons. Nous sommes libres. Vous nous
» appelez sujets ; nous disons, nous, que nous sommes
» frères. Nous devons avoir soin de nous-mêmes. J'irai
» à mon père, puisqu'il est venu à ma porte et qu'il
» désire me parler le langage de la raison. Nous voulons embrasser la paix au lieu de la guerre. La hache sera jetée dans une eau profonde [2]. » Le même

---

1. *Histoire des États-Unis*, t. II, p. 660.
2. *Histoire des États-Unis*, t. II, p. 660.

sentiment inspirait les fières paroles du sachem Haaskouan à de la Barre. « Vous avez bien fait d'en-
» terrer la hache si lontemps teinte du sang des Fran-
» çais. Nos enfants et nos vieillards auraient porté
» leurs arcs et leurs flèches jusque dans votre camp,
» si nos guerriers ne les eussent laissés en arrière. —
» Vos guerriers n'ont pas assez de castors pour payer
» les armes que nous avons prises aux Français ; et
» nos vieillards n'ont pas peur de la guerre. Nous pou-
» vons guider les Anglais à nos lacs. Nous sommes nés
» libres. Nous ne dépendons ni de Corlaër ni d'Onon-
» dio [1]. »

Fidèle au traité de 1700, la confédération des cinq nations, devenue celle des six nations, par l'accession des Tucasoras, n'avait pas pris part à la guerre de 1744. Mais, cette même année, ses députés reconnaissaient, moyennant une somme de 400 livres sterling, le droit de la Grande-Bretagne à la souveraineté de la Virginie, et ceux de lord Baltimore à la possession des terres du Maryland. Les envoyés de ces deux États et ceux de la Pensylvanie avaient profité de cette occasion, sinon pour gagner les six nations à leur cause, du moins pour les confirmer dans une neutralité stricte et plutôt même favorable. « La chaîne d'alliance entre
» nous et la Pensylvanie, est une vieille chaîne qui

---

1. *Histoire des États-Unis*, t. II, p. 660.

» n'a jamais contracté de rouille. Nous aurons tout
» votre pays sous les yeux. Avant que vous arriviez,
» nous avons dit à Onondio qu'il avait pour le combat
» un champ assez vaste dans l'Océan et qu'il pouvait
» y faire ce qui lui plairait, mais qu'il ne devait pas
» venir chez nous attaquer nos frères..... Les six
» nations ont une grande autorité sur les Indiens sou-
» mis qui habitent aux portes mêmes des Français.
» Pour montrer l'intérêt que nous nous portons, nous
» avons engagé les mêmes Indiens et les autres alliés
» de la France à ne pas se réunir contre vous, et ils
» en sont convenus. » Les envoyés des trois provinces offrirent de riches présents aux Iroquois; ceux-
ci s'excusèrent de la pauvreté de leurs dons, qui consistaient en trois ballots de peaux ; il y avait chez eux,
dirent-ils, trop de marchands indiens; les bestiaux des
blancs dévastaient tous leurs pâturages et rendaient
les daims farouches. Après avoir porté un toast au roi
d'Angleterre et aux six nations, les envoyés anglais
se retirèrent, enchantés des promesses des Indiens,
qui leur semblaient confirmer les prétentions de l'Angleterre à la souveraineté du vaste et beau bassin de
l'Ohio.

La conduite ultérieure des Iroquois devait favoriser
cette ambition. En juin 1748, un parent du duc de
Bedford et du duc de Newcastle, tous deux membres
du cabinet de Saint-James, l'amiral George Clinton,

gouverneur de l'État de New-York, arrivait à Albany, ville située sur les bords de l'Hudson. Un congrès s'y était réuni pour conclure avec les six nations un traité de paix défensif et offensif, et aviser aux moyens d'arrêter les envahissements des Français. Clinton trouva les chefs iroquois, qui se pressaient au congrès, dans les dispositions les plus favorables à ses vues et à celles des colons. Ces chefs dénoncèrent leur intention, non-seulement de ne plus souffrir de Français sur leur territoire, ni sur celui de leurs alliés, mais de cesser même tous rapports avec le Canada, s'en remettant aux Anglais du soin de la délivrance des captifs iroquois. Les envoyés des tribus riveraines du lac Erié et de l'Ohio conclurent solennellement un traité de commerce avec la Pensylvanie. Des négociations favorables s'ouvrirent avec les Miamis. Le congrès en même temps s'adressait au roi d'Angleterre, pour qu'il forçât les autres colonies à prendre, dans les luttes futures contre la France, leur part des efforts et des dépenses, qui jusqu'alors avaient pesé sur les seuls États de New-York, de New-Hampshire, du Connecticut et du Massachusetts.

Mais La Galissonnière, gouverneur du Canada, était un rude adversaire. Quand Clinton réclama les prisonniers iroquois, comme sujets de l'Angleterre, il leur dénia formellement cette qualité, et fit circuler dans les tribus des six nations, assemblées à Onondaga, le message du gouverneur anglais. Désavouant leurs chefs, elles l'accueillirent avec indignation. « Nous n'avons cédé nos terres à personne, s'écria leur orateur ; nous les tenons du ciel seul. » La Galissonnière chargea l'abbé François Picquet d'établir, au sommet des rapides du Saint-Laurent, une mission d'Iroquois convertis. Il donna l'ordre au commandant de Détroit de s'opposer, même par la force, à tout établissement anglais sur les bords de la Wabash, du Maumee et de l'Ohio. Averti que, sur ce fleuve, des colons de la Virginie avaient obtenu de l'Angleterre une vaste concession de terrains, il envoya de Celoron de Bienville explorer et occuper la vallée de l'Ohio et celle du Saint-Laurent jusqu'à Détroit. Celoron s'acquitta de sa mission avec succès et audace, et planta les armes de France sur la rive sud de l'Ohio, en invitant le gouverneur de la Pensylvanie, Hamilton, à s'abstenir de toute nouvelle intrusion ; mais il mécontenta, par l'expulsion des trafiquants anglais, les Indiens qui réclamaient la liberté du commerce.

Une des clauses du traité d'Utrecht portait que l'Acadie, *dans ses anciennes limites*, serait rendue aux Anglais. Mais quelles étaient ces anciennes limites ? Aux yeux de la France l'Acadie ne comprenait que la péninsule qui la termine, et après la remise de l'île du cap Breton, nous n'avions cessé d'occuper l'isthme entre la baie Verte et celle de Fundy. L'évacuation de Port-Royal nous avait laissé une petite colonie à l'embouchure de la rivière Saint-Jean, et nous maintenions nos prétentions à la possession de la côte jusqu'au Kennebec. La Galissonnière, d'ailleurs, n'ignorait pas l'affection que nous avaient gardée les Acadiens, restés catholiques et Français, de cœur et de langage. Restreignant encore la portée des stipulations d'Utrecht, telles que le cabinet de Versailles les avait jusque-là comprises, il mit en avant l'idée que la seule partie cédée de la péninsule était comprise entre les caps Fourches et Canso, et de concert avec l'abbé Le Loutre, curé de Messagouche, il conçut le projet de transplanter les Acadiens sur cette frontière, comme barrière contre les Anglais (1749).

Avant La Galissonnière, Shirley avait projeté une mesure analogue, mais bien plus radicale : il ne s'agissait rien moins que de transporter les habitants de l'isthme dans quelque partie éloignée des possessions anglaises, et de les remplacer par des colons protestants. Ce plan avait souri au duc de Newcastle; mais le duc de Bedford, son successeur, jugea qu'il suffisait de mêler des colons anglais ou réformés aux habitants d'origine française de la partie non contestée du territoire anglais. Halifax remplit cette tâche. Il fit appel dans toute l'Europe aux protestants. L'exemption du service militaire et du serment attira les frères moraves, et l'appât d'un partage égal des pêcheries, les baleiniers de la Nouvelle-Angleterre. Quatorze cents officiers et soldats de marine débandés vinrent s'établir dans le havre de Chebuctoo. La nouvelle ville prit le nom d'Halifax, en l'honneur du ministre; un fort à Pesaquid, et des retranchements à Minas complétèrent l'œuvre. Quant aux anciens habitants, le gouverneur d'Halifax, Cornwallis voulut les contraindre au serment d'allégeance envers la couronne britannique. C'était violer la promesse solennelle qui leur avait été faite de respecter l'exercice de leur religion et de ne pas leur imposer le service militaire contre les Français et les Indiens. Cornwallis traita avec plus d'inhumanité les malheureux Micmacs, coupables à ses yeux d'avoir, à l'instigation de Le Loutre, inquiété l'établissement naissant. Le conseil d'Halifax les déclara hors la loi, et Cornwallis, « afin de mettre ces coquins à la raison, » offrit, par Indien tué ou capturé, dix guinées payables « sur la production du sauvage ou de sa chevelure. »

La Jonquière, successeur de La Galissonnière, désirait la paix. Mais, à Versailles, plus encore qu'à Londres, où Pelham contenait un peu l'esprit turbulent et tracassier de son collègue Newcastle, on semblait prendre à tâche d'envenimer la situation. Cependant, en 1750, La Jonquière, oubliant que les Anglais avaient donné de fréquents exemples de pareils coups de main, prit sur lui d'avertir Cornwallis que le capitaine de partisans, La Corne, s'était emparé de l'isthme de la péninsule acadienne et du village de Chiegnecto, près du fort Laurence, tandis que les chefs des Micmacs sollicitaient les Acadiens à se soustraire à l'obéissance des Anglais et à se joindre aux Français. Cornwallis fit partir d'Halifax quatre cents hommes qui, le 20 avril, au lever du soleil, entraient dans le bassin appelé aujourd'hui le bassin de Cumberland. Le drapeau blanc flottait sur la Messagouche, et le fort Laurence était en ruines.

Quelques jours après, le commandant anglais était contraint de se rembarquer, ses forces ne lui permettant pas d'attaquer La Corne, qui, avec ses deux mille cinq cents hommes, Indiens, volontaires et troupes régulières, occupait une forte position.

Un bâtiment porta ces nouvelles aux colonies : elles n'y excitèrent aucune velléité de prendre les armes. Mais Halifax avait à soutenir son œuvre personnelle. De nouveaux colons furent donc dirigés par ses soins sur l'Acadie, et un régiment irlandais reçut l'ordre de reprendre Chiegnecto. Cornwallis fut autorisé à régler au mieux les affaires de la Nouvelle-Écosse, sans concert préalable avec les Français. Au mois d'août, il réussit, non sans effusion de sang, à reprendre Chiegnecto, et le fort Laurence fut rebâti au sud de la Messagouche. Les Français, de leur côté, se fortifièrent à Beau-Séjour et à la baie Verte.

C'est le moment où Shirley présentait à Paris un mémoire par lequel il réclamait, comme faisant partie de l'ancienne Acadie, les territoires à l'est du Penobscot et au sud du Saint-Laurent. Cette exagération remettait forcément, dans un temps plus ou moins rapproché, la question au sort des armes. C'était à Londres ce que désirait Newcastle : mais Bedford et Puysieux, notre ministre des affaires étrangères, penchaient fortement pour la paix. Ce dernier n'était même pas loin de considérer le Canada comme un embarras pour nous. La Galissonnière s'indignait à la pensée d'abandonner cette terre illustrée par des martyrs et des héros, où la France avait déposé de nombreux germes de civilisation et de grandeur politique qui n'attendaient que l'heure propice pour éclore et se développer. Un incident fortuit, contre-partie du coup de main de La Corne, vint fournir aux partisans de la guerre un nouvel argument : le navire de guerre anglais l'*Albany* captura, dans les eaux du cap Sable, un brigantin français; la cour maritime d'Halifax déclara la prise valable. L'indignation fut grande en France, et l'on y parla moins que jamais de transaction amiable sur la question des limites.

Chaque jour augmentait les chances d'une guerre (1750), que les deux gouvernements semblaient vouloir au fond, tout en reculant, comme instinctivement, l'heure de la lutte. Le conseil de l'État de New-York avait fait une nouvelle tentative en vue d'une alliance de tous les États avec les nations indiennes. La compagnie virginienne de l'Ohio avait envoyé Christophe Gist, homme de résolution et d'audace, explorer les terres à l'ouest des Alleghanys. La mission de Gist était encore plus politique que géographique : il devait observer avec soin le nombre et la force des nations indiennes qu'il rencontrerait sur son chemin. Les Wyandots de Muskingum l'invitèrent à séjourner parmi eux et à y bâtir un fort. Ils parlèrent de se venger des Français, qui venaient d'arrêter quelques marchands anglais. Les Delawares et les Shawnees lui offrirent leur amitié. Les Weas et les Piankeshaws de la puissante confédération des Miamis signèrent avec la Virginie une alliance en règle à laquelle devaient accéder au printemps les tribus amies de l'ouest. Le traité venait à peine d'être conclu que quatre Ottawas, envoyés du gouverneur du Canada, entrèrent dans le conseil des chefs, réclamant au nom de la France l'amitié des Miamis.

« Le chef des Piankeshaws, plantant les drapeaux
» de la France et de l'Angleterre au milieu du conseil,
» se leva et répondit : « Le sentier vers les Français
» est sanglant, et ce sont eux qui l'ont fait tel. Nous
» avions ouvert une route à nos frères les Anglais ;
» vos pères l'ont rendue mauvaise, et ont fait prison-
» niers quelques-uns de nos frères. » Les Français

avaient pris trois Anglais au village Huron, près Détroit, et un sur la Wabash. « Ceci, ajouta le chef, » nous le considérons comme fait à nous-mêmes, et » tournant brusquement le dos aux envoyés, il quitta » le conseil. » A ce moment, l'envoyé des Français se » répandit en lamentations, prédisant malheur aux » Miamis[1]. » Les couleurs de la France furent alors abattues et les Ottawas renvoyés au fort Sandusky, avec mission de rapporter à La Jonquière le langage des tribus miamis. « Vous nous avez pris par la main, » dit le chef indien à Gist, dans la grande chaîne de » l'amitié ; c'est pourquoi nous vous faisons présent » de ces deux ballots de peaux, pour faire des souliers » à votre peuple, et de cette pipe pour y fumer et » vous assurer que nos cœurs sont bien disposés en- » vers nos frères[2]. »

Un congrès se réunit à Albany (1751) pour recevoir les chefs indiens qui devaient venir y sanctionner les traités d'alliance conclus par Gist, et plus tard par Croghan. Pour la première fois, les députés de la Caroline du Sud se joignaient à ceux de la Nouvelle-Angleterre. Du côté des Indiens, le concours des chefs était plus considérable encore qu'à la première réunion d'Albany. On y vit des représentants de tribus jusqu'alors ennemies jurées des six nations. Les Indiens

---

1. *Histoire des États-Unis*, t. III, p. 57.
2. *Histoire des États-Unis*, t. III, p. 57.

gourmandèrent la lenteur des Anglais. Pourquoi n'attaquaient-ils pas leurs ennemis? Voulaient-ils donc abandonner le pays aux Français? Ceux-ci faisaient résolûment tête à l'orage. Ils envoyaient des prêtres chez les six nations, abaissaient le taux de leurs marchandises, armaient des bâtiments, et convertissaient en forteresse leur comptoir de Niagara. Le gouverneur de Philadelphie était averti que la France ne tolérerait de sa part aucun traité avec les Peaux-Rouges, et des troupes partaient enfin de Québec pour empêcher la réunion projetée des chefs indiens.

Dans une seconde exploration, Gist avait visité les territoires au sud-ouest de l'Ohio, et obtenu l'autorisation de bâtir un fort au confluent des deux cours d'eau dont la réunion forme l'Ohio. Au mois de septembre 1752, deux Français, à la tête d'un nombreux détachement indien, paraissaient devant le village de Picqua où Gist avait traité deux ans auparavant avec les Weas et les Piankeshaws et réclamaient la livraison des marchands anglais et de leurs denrées. « Ils » sont nos invités, répondit le grand chef des Pian» keshaws, et nous ne ferons pas la bassesse de vous » les livrer. » Le village fut emporté d'assaut; le grand chef fait prisonnier, sacrifié et dévoré par les Peaux-Rouges. Sa veuve confia sa vengeance aux Anglais et à leurs alliés indiens. « Nos bons frères de Vir» ginie, dirent les Miamis, nous devons nous considé-

» rer comme perdus, si nos frères les Anglais ne
» viennent pas à notre secours et ne nous donnent pas
» d'armes. Cette corde de wampum vous envoie la
» certitude que les serviteurs du roi de France ont
» versé notre sang, et mangé la chair de trois de nos
» hommes, dirent les Picts et les Windaws. Jetez les
» yeux sur nous, et ayez pitié de vos frères; car nous
» sommes dans une grande détresse. Nos chefs ont
» pris la hache de guerre. Nous avons tué et mangé
» dix Français et deux de leurs nègres. Nous sommes
» vos frères et ne pensez pas que ce soit en paroles
» seulement, c'est du fond du cœur[1]. »

Cet appel trouvait un écho puissant chez Dinwiddie, gouverneur de la Virginie (1752). Il n'avait pas dépendu de lui que l'Angleterre n'eût déjà déclaré la guerre. L'attaque de Picqua lui fournit l'occasion d'un mémoire détaillé sur les envahissements des Français. Mais George II, un des plus tristes princes qui aient régné, avait bien assez de ses affaires domestiques : lady Yarmouth l'occupait à elle seule plus que toutes les affaires intérieures ou extérieures de l'Angleterre. Les ministres de George ne songeaient qu'à vivre, et, quand ils en trouvaient le temps, à se supplanter. Je me trompe : ils songeaient, avec suite même, aux moyens de tirer de l'Amérique quelques nouveaux

---

1. *Histoire des États-Unis*, t. III, p. 69.

revenus. Ils voulaient bien l'alliance avec les Indiens ; mais aux colonies d'en faire les frais. On parlait d'établir un système de postes, d'aggraver les clauses des divers actes de navigation, de créer des droits de timbre. Dinwiddie réitéra ses communications (1753) ; les Indiens de l'Ohio se fatiguaient de toutes ces indécisions. L'Angleterre revendiqua alors la souveraineté de toute la vallée de l'Ohio, laissant d'ailleurs à la Virginie le soin de rendre cette revendication effective.

La Virginie accepta la mission (1753). Le nouveau gouverneur du Canada, Duquesne, avait détaché de Montréal douze cents hommes, pour occuper la vallée de l'Ohio. Les Indiens riverains du fleuve députèrent un de leurs chefs à Niagara. Il représenta, mais vainement, l'indignation des six nations à la nouvelle de cette mesure. Tanacharisson, le deuxième chef de ces tribus, se rendit alors lui-même au port Érié. Sans s'émouvoir d'une rude réception, il dit au commandant du port d'Érié : « Pères, vous qui troublez cette
» terre et la prenez par force, vous que nous ne con-
» naissons pas, cette terre est la nôtre. Vous êtes,
» ainsi que les Anglais, des visages pâles. Nous vivons
» dans une contrée intermédiaire : elle n'appartient
» donc ni à l'un ni à l'autre de vous. Le Grand-Esprit,
» notre souverain maître, nous l'a donnée pour de-
» meure. Ainsi, Pères, je désire que vous en sortiez,

» comme les Anglais l'ont fait », et il présenta le rou-
» leau de wampum. » L'officier français le rejeta
dédaigneusement, et confirma les intentions bien arrê-
tées de son gouvernement. Les Peaux-Rouges en
appelèrent à Benjamin Franklin. « Ils ne désiraient
» l'établissement dans leur pays ni des Français ni
» des Anglais; si ces derniers les y aidaient, ils chas-
» seraient les Français. Franklin, en habile politique,
» leur distribua des présents, à titre de condoléance,
» surtout à ceux de la tribu de Picqua; puis il leur fit
» connaître que les Français avaient établi de nou-
» veaux postes à Waterford et à Venango, et se pré-
» paraient à occuper les rives de la Monongahela[1]. »
Diwinddie résolut d'envoyer un « personnage de distinction au commandant des forces françaises sur
l'Ohio, afin de connaître les raisons des Français d'envahir, en temps de paix, les possessions britanniques. »
Georges Washington fut choisi pour cette mission. Il
partit au milieu de novembre 1753, accompagné de
Gist, d'un guide et de quatre colons. Au bout de neuf
jours, il arrivait à la Fourche de l'Ohio. De là un chef
delaware le conduisit dans la vallée de Logstown, où
il s'aboucha avec un autre chef delaware, qu'il décida
à rompre avec les Français. Ce chef et les envoyés de
la nation accompagnèrent Washington au poste fran-

---

1. *Histoire des États-Unis*, t. III. p. 77.

çais de Venango. « Les officiers avouèrent leur dessein
» de prendre possession de l'Ohio; ils mêlèrent les
» louanges de la Salle à des fanfaronnades au sujet
» des nombreux postes qu'occupait la France. Les
» Anglais, dirent-ils, peuvent lever des forces doubles
» des nôtres, mais ils sont trop lents pour empêcher
» une seule de nos entreprises [1]. » Le commandant
du fort Le Bœuf, Le Gardeur de Saint-Pierre, refusa
de discuter avec Washington. C'était un homme d'expérience, « que son indomptable courage et son inté-
» grité faisaient à la fois craindre et aimer des Peaux-
» Rouges. Je suis ici, dit-il, par les ordres de mon
» général, et je m'y conformerai énergiquement en
» tous points [2]. » Washington repartit avec ses compagnons.

« A Venango, ils trouvèrent leurs chevaux tellement
» affaiblis, qu'ils durent continuer leur marche à pied.
» Le froid devenait très-vif, et une neige qui gelait
» immédiatement, rendait les sentiers encore plus
» mauvais. Impatient d'arriver avec ses dépêches, le
» jeune envoyé, habillé en Indien, la carabine à la
» main, et son bagage sur le dos, quitta le chemin
» ordinaire, et, suivi du seul Gist, se dirigea, à l'aide
» de la boussole, vers la Fourche de l'Ohio. Un Indien
» qui s'était posté pour l'attendre lui tira un coup de

---

1. *Histoire des États-Unis*, t. III, p. 78.
2. *Histoire des États-Unis*, t. III, p. 78.

» fusil à quinze pas, le manqua et devint son prison-
» nier. Je l'aurais tué, écrivit Gist, si Washington ne
» m'en avait empêché. Renvoyant leur captif, ils fi-
» rent le soir un demi-mille environ, et puis, ayant
» allumé un feu et assuré leur direction par la bous-
» sole, ils marchèrent sans s'arrêter toute la nuit et la
» journée du lendemain. Encore, malgré leur fatigue,
» ne se crurent-ils pas assez en sûreté pour se livrer
» au sommeil et campèrent-ils sans autre abri que les
» arbres dépouillés de leurs feuilles.

» Arrivés à l'Alleghany, ils construisirent un ra-
» deau, à l'aide d'une mauvaise hache, et parvinrent
» à le lancer. Mais ils n'étaient pas parvenus au mi-
» lieu du cours d'eau qu'ils étaient pris entre des blocs
» de glace flottante, risquant d'être écrasés à chaque
» instant, et dans l'impossibilité de gagner l'une
» ou l'autre rive. Pendant qu'avec une gaffe il ten-
» tait d'arrêter le radeau, Washington tomba dans
» la rivière et n'échappa à la mort qu'en s'accrochant
» au radeau. Ils furent obligés de chercher une île où
» ils restèrent quelques jours prisonniers des élé-
» ments. Mais la dernière nuit de décembre fut ex-
» trêmement froide, et, le matin, la rivière était ge-
» lée. Leurs souffrances ne diminuèrent pas jusqu'à
» leur arrivée à la plantation de Gist [1]. »

1. *Histoire des États-Unis*, t. III, p. 78-79.

Le rapport de Washington amena des mesures militaires. La compagnie de l'Ohio offrit de bâtir un fort à la Fourche du fleuve. On enrôla des recrues, et quelques États votèrent des subsides. Tous auraient agi de même s'ils n'avaient écouté que leur haine calculée des Français. Mais cette haine cédait devant cette considération : N'est-ce pas à l'Angleterre à protéger ses colonies ? N'est-ce pas à elle à faire les frais de leur défense ? Question plus politique que financière aux yeux des Américains.

Le fort de la Fourche de l'Ohio se construisait. Contrecœur vint y assiéger les Anglais, qui se rendirent, et il donna au fort le nom de Duquesne, en l'honneur du gouverneur du Canada. Washington, nommé lieutenant-colonel, avait reçu l'ordre de hâter les travaux du fort, lorsque le chef delaware, qu'il avait vu l'année précédente, lui annonça le coup de main de Contrecœur. Il partit alors avec quelques recrues mal disciplinées, et se retrancha aux *Grandes-Prairies*, où il fut rejoint par Gist. Le soir du 27 mai, il recevait avis de l'approche des Français. « Par une nuit plu-
» vieuse et obscure, avec quarante hommes seule-
» ment, qui suivaient à la file un étroit sentier, Was-
» hington se dirigea vers le champ du chef indien.
» Après délibération, il fut résolu d'attaquer les en-
» vahisseurs. Deux Indiens, suivant la trace des Fran-
» çais, découvrirent leur campement, caché dans des

» rochers. De concert avec les chefs Mingo, Washing-
» ton prit ses mesures pour les surprendre. Voyant
» les Anglais s'approcher, les Français coururent à
» leurs armes. Feu ! commanda Washington ; et, don-
» nant l'exemple, il tira lui-même sur l'ennemi... Au
» bout d'un quart d'heure de combat, dix Français
» étaient tués, et, parmi eux, Jumonville, le comman-
» dant du détachement ; vingt et un furent faits pri-
» sonniers [1]. »

1. *Histoire des États-Unis*, t. III, p. 83-84.

« On ne se piquait pas sur la frontière d'observer très-scrupuleusement le droit des gens et, même en temps de paix, de semblables échauffourées passaient souvent inaperçues. Mais, comme celle-ci fut le signal de la guerre de sept ans, elle eut en Europe un retentissement peu proportionné à son importance. La guerre n'étant pas alors déclarée entre la France et la Grande-Bretagne, il entrait dans la politique des deux gouvernements de rejeter sur la nation rivale le blâme d'avoir commis les premiers actes d'agression. On prétendit en Angleterre que Jumonville avait envahi le territoire anglais en ennemi, et l'on regarda l'attaque du colonel Washington comme une *surprise* autorisée par toutes les lois de la guerre. En France, on la qualifia d'assassinat, et l'on reprocha vivement à Washington et à ses soldats la mort d'un parlementaire. Il repoussa ces attaques avec indignation et mépris. Sous le parlementaire, il voyait un espion dans Jumonville. Cet esprit si simple et si primitif ne savait point encore être dupe des apparences et des fictions pour lesquelles on montre un respect si complaisant dans les vieilles sociétés. » Depuis ma dernière lettre, écrivait-il au gouver-
» neur Denwiddie, j'ai acquis de fortes présomptions, je dirai même la
» certitude, que ces gens-là étaient envoyés comme espions, et avec
» ordre de rester dans notre voisinage jusqu'à ce qu'ils fussent bien
» informés de nos projets, de notre situation et de nos forces. Ils de-
» vaient tenir leur commandant en chef au courant de leurs observa-
» tions, et, en attendant qu'il leur arrivât des renforts, rester cachés
» jusqu'au moment de remettre leur message, si toutefois ils se déci-

Washington attendait des renforts des tribus voisines. Réduit à ses propres ressources, il dut se réfugier aux *Grandes-Prairies*, dans le fort Nécessité qui était en mauvais état de défense. Six cents Français et cent Indiens, occupant une des hauteurs qui le dominaient, engagèrent une fusillade avec les hommes de Washington. Elle dura neuf heures. A bout de munitions, le commandant français de Villiers proposa une capitulation qui permit à Washington de se retirer avec armes et bagages.

Quelques jours plus tard (19 juin 1754), les commissaires de tous les États du Nord se réunissaient. Franklin proposa un plan d'union entre les treize colonies ; Philadelphie aurait été la capitale de la confédération : c'était un avertissement à l'Angleterre. L'assemblée voulut terminer aussi la grosse question des alliances indiennes. Les Peaux-Rouges ne refusaient point de s'allier aux colons, mais ils ne comprenaient point leurs temporisations. « Voyez les Fran» çais, dit Hendrick, le grand chef des Mohawks, ce

» daient à prendre ce parti. J'ai pensé qu'il était convenable d'en ins-
» truire votre honneur ; car je m'imagine qu'ils auront l'audace de
» réclamer les priviléges dus aux ambassadeurs, tandis qu'en bonne
» justice ils devraient être pendus comme des espions de la pire es-
» pèce. » En prononçant des paroles aussi dures et aussi sévères, Washington oubliait qu'il avait accepté l'année précédente une mission d'un caractère aussi équivoque que celle de Jumonville. » (Cornélis de Witt : *Histoire de Washington*, éd. in-12, p. 35.)

» sont des hommes ; ils se fortifient partout. Mais, j'ai
» honte de le dire, vous êtes comme des femmes, sans
» aucunes défenses. Il n'y a qu'un pas d'ici au Canada,
» et les Français peuvent aisément venir et vous chas-
» ser. » Les six nations se plaignaient, au fond, de
l'usurpation de leurs terrains, et, maîtres pour maîtres, les Indiens préféraient les Français.

CHAPITRE VIII

LA GUERRE DE SEPT ANS; PREMIÈRES CAMPAGNES

Sommaire. — Hésitations du cabinet anglais et dernières négociations. — Combat de la Mononghela et défaite de Braddock. — Transportation des Acadiens français. — Les Anglais courent sus aux bâtiments français. — Loudoun, Abercrombie et Webb à la tête des Anglais. — Le marquis de Montcalm à la tête des Français. — Nullité et pusillanimité des uns. — Courage et talents de Montcalm.

Le ministère anglais était divisé sur les mesures à prendre en Amérique. Le duc de Newcastle avait demandé l'opinion de Pitt, qui jugea à propos de n'en pas avoir ce jour-là. Horace Walpole et Townshend penchaient pour les moyens les plus énergiques. Le duc de Cumberland, le duc-boucher, titre que lui avaient valu les massacres qui suivirent la bataille de Culloden, penchait franchement pour une rupture. Quant à la France, elle aurait voulu croire à la sincérité des assurances de paix que le duc de Newcastle avait fait parvenir à Mme de Pompadour et au duc de

Mirepoix. Duquesne avait reçu un pouvoir discrétionnaire, en cas de rupture; mais il lui était recommandé jusque-là de se tenir sur la défensive, d'éviter l'effusion du sang et de ne se servir des Indiens qu'en cas de nécessité absolue. La force des choses poussait, cependant, le gouverneur du Canada à rechercher, comme les Anglais le faisaient eux-mêmes, l'alliance des tribus indiennes, et la nation des Shawnees, infidèle à ses premiers engagements, s'était déclarée contre les Anglais.

La France négociait encore, et proposait à l'Angleterre d'abandonner la vallée de l'Ohio (1755), quand le général Braddock, un vétéran des guerres de Flandre, soldat rude et borné, créature du duc de Cumberland, s'embarqua pour l'Amérique, avec deux régiments. Cet armement, au dire du duc de Newcastle, avait un caractère tout défensif. Mais les propositions qu'il faisait en même temps à la France lui assignaient sa véritable portée. Ne lui demandait-il pas de raser les forts de Niagara et de la pointe de la Couronne, d'abandonner la péninsule de la Nouvelle-Écosse et la baie de Fundy, de neutraliser enfin le territoire situé entre les colonies anglaises et le Saint-Laurent? Louis XV seul, c'est le témoignage de M. Bancroft, paraît avoir été sincère dans la négociation, et, s'il envoyait trois mille hommes de renfort en Amérique, il consentait en même temps, pour éviter la guerre, à l'extension de la Nouvelle-Angleterre jusqu'à la côte où se jette le Penobscot, et à la délimitation du Canada par la crête des montagnes intermédiaires.

Braddock était arrivé dans la baie de Chesapeake. Au mois de mars (1755), il atteignait Williamsburg, et visitait Annapolis; le 14 avril, il se concertait avec le commodore Keppel, et avec les gouverneurs du Massachusetts, de New-York, de la Pensylvanie, du Maryland et de la Virginie, Shirley, Delancey, Morris, Sharpe et Dinwiddie. Après avoir agité la question des taxes de guerre, que Braddock s'irritait de ne pas voir résolue par l'initiative même des colonies, on fut d'avis qu'il ne fallait pas les attendre des législatures locales, et que le parlement britannique aurait à les imposer d'autorité. En attendant, les opérations militaires commencèrent. Elles n'eurent pas d'abord pour but l'invasion du Canada, mais la répression des prétendus envahissements des Français depuis l'Ohio jusqu'au golfe Saint-Laurent. Braddock se chargea de la vallée de l'Ohio, Shirley et Lawrence durent chasser les Français l'un de Niagara, l'autre de la Nouvelle-Écosse. Johnson s'occupa de l'enrôlement des Mohawks.

Le gouvernement français, à la nouvelle du départ de Braddock, avait expédié des renforts au Canada. L'amiral anglais Boscawen rencontra, dans les eaux du cap Race, trois vaisseaux chargés de troupes, l'*Al-*

cide, le *Lys* et le *Dauphin*. Attaqués par des forces supérieures, l'*Alcide* et le *Lys* durent baisser pavillon. Le *Dauphin*, bon voilier, put gagner Louisbourg. Les neuf autres vaisseaux de la flotte française entrèrent dans le Saint-Laurent, et débarquèrent à Québec les troupes commandées par Dieskau, ainsi que le marquis de Vaudreuil, qui remplaçait La Jonquière dans le gouvernement du Canada. Canadien de naissance, ancien gouverneur de la Louisiane, Vaudreuil reçut le meilleur accueil de ses concitoyens.

Braddock avait promis au duc de Newcastle d'être à la fin d'avril au delà des Alleghanys. Sa vanité ne prévoyait que des succès : « Lorsque j'aurai pris le fort » Duquesne, disait-il à Franklin, je marcherai sur Nia-» gara et de là sur Frontenac. Le fort Duquesne peut » à peine me retenir trois ou quatre jours, et je ne » vois rien qui puisse arrêter ma marche sur Niagara. » Les Indiens sont habiles à tendre des embuscades, » répliqua Franklin qui se rappelait l'invasion des » Français chez les Chickasas, et la mort de Vincennes » et de d'Artaguette. — Les sauvages, répondit Brad-» dock, peuvent être redoutables pour vos miliciens » inexpérimentés; mais ils ne feront pas la moindre » impression sur les troupes régulières et disciplinées » du roi[1]. » Il n'en mit pas moins vingt-sept jours

---

1. *Histoire des États-Unis*, t. III, p. 130-131.

pour le faible trajet d'Alexandria à Cumberland, et plus de lenteur encore dans sa marche de Cumberland à la Fourche de l'Ohio. Braddock, disaient les Anglais, n'est guère impatient de se faire scalper. Son insolence révoltait les troupes américaines placées sous son commandement, et Washington portait sur ses talents militaires un jugement sévère, mais mérité.

Le 9 juillet, au matin, Braddock se trouvait à douze milles du fort Duquesne. Deux avant-gardes et des flanqueurs ouvraient la marche; il suivait, avec le gros de son armée, l'artillerie et les bagages; un feu de mousqueterie, vif et bien nourri, se fit entendre tout à coup. La tête de colonne de Braddock avait rencontré une embuscade de Français et d'Indiens, commandée par Beaujeu, Dumas et de Lignery. Bientôt culbutée, elle dut se replier sur le corps d'armée en abandonnant deux canons. Braddock, se portant alors en avant, ouvrit un feu d'artillerie assez inoffensif, qui intimida pourtant les sauvages. Beaujeu venait d'être tué, et les Anglais poussaient déjà des hourras de triomphe. Mais Dumas ramena les Indiens, repoussa l'ennemi, et le combat devint une boucherie. Sur quatre-vingts officiers, vingt-six furent tués. Braddock, mortellement atteint, avait eu cinq chevaux tués sous lui. « La mort, » écrivit Washington, abattait tous mes compagnons » autour de moi. Mais, grâce aux faveurs toutes puis- » santes de la Providence, j'ai été protégé. Je signale

» au public, disait un mois après le ministre réformé
» Davies, cet héroïque jeune homme, le colonel Was-
» hington, que la Providence, je ne puis m'empêcher
» de le croire, a préservé d'une façon miraculeuse, en
» vue de quelque service important à rendre à son
» pays. . . . . Les troupes virgi-
» niennes montrèrent beaucoup de valeur, et furent à
» peu près anéanties. Mais les réguliers, ayant gas-
» pillé leurs munitions, se débandèrent et se mirent
» à courir comme des moutons devant des chiens,
» abandonnant à l'ennemi artillerie, vivres, bagages,
» et les papiers même du général. La tentative de les
» rallier fut aussi vaine que le serait celle de rallier les
» ours sauvages de la montagne. Les Anglais furent
» scandaleusement battus[1]. »

Le 12 juillet, le lieutenant de Braddock, Dunbar, détruisait le reste de son artillerie, évacuait le fort Cumberland, et se retirait à Philadelphie. Ce n'était pas une défaite ignominieuse qu'on y attendait : aussi l'indignation et la douleur furent-elles grandes à la nouvelle du combat de la Mononghela.

---

1. *Histoire des États-Unis*, t. III, p. 137.

« C'est une tradition en Virginie, dit M. Cornélis de Witt, que Braddock fut tué par un de ses hommes pour débarrasser l'armée du général qui l'avait sacrifiée à son obstination et à son ignorance de la guerre des frontières. »

M. Bancroft ne fait nulle mention de cette tradition. Une balle, dit-il, lui entra dans le côté droit, et il tomba mortellement blessé.

Les Anglais furent plus heureux dans l'Acadie. Quinze cents hommes de troupes provinciales et trois cents soldats de ligne attaquèrent et prirent le fort de Beau-Séjour, mal défendu par son commandant, de Vergor (1754). De Villerai, qui tenait le fortin de Gaspereaux, sur la baie Verte, dut également capituler aux conditions imposées déjà à de Vergor. Les deux garnisons devaient être envoyées à Louisbourg. Le capitaine Rons, avec trois frégates et un sloop, alla réduire le fort Saint-Jean. Il le trouva abandonné. Les Français avaient incendié leurs maisons et pris la fuite.

Les capitulations de Beau-Séjour et de Gaspereaux portaient amnistie en faveur des Acadiens fugitifs que la France avait enrôlés à son service. Mais l'Angleterre, reprenant les anciens projets du duc de Newcastle, avait résolu de faire payer à ces populations inoffensives le double tort de leur attachement à la France et à la religion catholique. Elle avait décidé, en dépit des représentations de la France, leur transportation en masse sur un autre point des possessions britanniques. Ses officiers et ses pasteurs avaient épuisé déjà envers eux toutes les injures et toutes les vexations.

« Les prendre de force était impraticable; on eut recours à la ruse. Une proclamation générale (1754), publiée partout le même jour, invita tous les hommes, y compris les enfants âgés de dix ans, à se rassembler dans leurs villages respectifs. Le 5 septembre, jour désigné, ils obéissaient. A Grand-Pré, par exemple, quatre cent dix-huit hommes sans armes arrivaient à la fois ; on les fit entrer dans l'église, dont les avenues étaient gardées, et Winslow, le commandant américain, s'étant placé au centre, leur parla en ces termes :

« Vous êtes ici réunis pour que je vous fasse part de la résolution définitive de Sa Majesté à l'égard des habitants français de cette province. Vos terres et vos ténements, votre bétail et vos provisions de toute espèce sont confisqués au profit de la couronne, et vous-mêmes vous serez éloignés de ce pays. Vous devez à la bonté de Sa Majesté le droit que j'ai de vous laisser emporter tout votre argent et vos objets domestiques, sans qu'ils puissent cependant encombrer les vaisseaux où vous allez vous embarquer. » Et il les déclara prisonniers du roi.

» Le 10 septembre était le jour fixé pour le départ d'une partie des exilés. Ils furent amenés sur six rangs, et les jeunes gens, au nombre de cent soixante et un, reçurent l'ordre de s'embarquer les premiers. Ils pouvaient quitter leurs fermes et leurs chaumières, leurs troupeaux et leurs champs, les sombres rochers au milieu desquels ils avaient vécu ; mais la nature protestait en eux contre l'odieuse mesure qui les arrachait à leurs familles. Et cependant à quoi servait ce désespoir frénétique de jeunes gens sans défense? Ils n'avaient point d'armes, et la baïonnette les contraignait à obéir. Ils durent marcher, à pas lents, de la chapelle jusqu'au rivage, au milieu de leurs femmes et de leurs enfants, qui appelaient à genoux les bénédictions du ciel sur leurs têtes, eux-mêmes pleurant, priant et chantant des cantiques. Les plus vieux s'embarquèrent ensuite. Les femmes et les enfants devaient attendre l'arrivée de nouveaux transports[1]. »

Sept mille personnes furent ainsi chassées de leurs foyers. « Je ne sais si les annales de l'humanité con-
» servent le souvenir d'une peine aussi cruelle, aussi
» injuste, aussi durable que celle infligée aux habi-
» tants français de l'Acadie. Nous avons été fidèles à
» notre religion, disaient-ils, et fidèles à nous-mêmes.
» La nature semble pourtant nous considérer comme
» des objets de vengeance publique[2]. »

Cinq mille hommes, sous le commandement de Johnson, étaient campés sur la rive sud du lac du Saint-Sacrement, et construisaient le fort Edward. Laissant au fort de la pointe de la Couronne une garnison de trois mille hommes, dont sept cents Indiens, Dieskau remonta les bords du lac Champlain. Son but était de détruire les travaux du fort Edward; malheu-

1. *Histoire des États-Unis*, t. III, p. 144.
2. *Histoire des États-Unis*, t. III, p. 145.

reusement il lui fallut céder au désir des Indiens d'attaquer le camp anglais. Il tendit d'abord une embuscade où tombèrent un millier d'hommes envoyés au secours de Johnson, et où périt Hendrick, le célèbre chef mohawk; mais, en face du camp, les Indiens et les Canadiens se cachèrent lâchement dans les broussailles. Avec ses deux cents hommes de troupes régulières, Dieskau attaqua résolûment les retranchements ennemis. Ces deux cents braves périrent presque tous; trois fois blessé, Dieskau ne voulait pas ordonner la retraite. La balle d'un renégat français l'atteignit mortellement. Johnson avait peu fait pour la victoire. Il n'en sut pas davantage profiter, et il laissa tranquillement les Français prendre position à Ticonderoga.

Shirley avait deux mille hommes environ sous ses ordres, et le fort de Niagara, tout délabré, n'était défendu que par une trentaine d'hommes mal armés (1755). Mais la défaite de Braddock avait démoralisé nos ennemis. Shirley passa quelques semaines à construire des bateaux pour remonter le lac Ontario; puis un grand orage l'empêcha de s'embarquer; une autre fois, les vents lui furent contraires. La maladie se mit enfin dans ses rangs, les Indiens désertèrent, et en octobre il quittait les rivages de l'Ontario. A ce moment même Franklin constatait que la population des colonies doublait tous les vingt ans, nouvelle qui fut reçue en Angleterre avec moins de satisfaction que de crainte.

Tous ces actes militaires pouvaient, à la rigueur, être présentés comme des actes de simple défense : mais le gouvernement anglais ne tarda pas à prendre une allure décidément offensive. La guerre de sept ans allait éclater, et l'ordre fut donné aux capitaines des bâtiments de Sa Majesté Britannique de courir sus aux bâtiments de guerre et de commerce français. Aucune déclaration officielle de guerre n'avait précédé ces ordres, en vertu desquels les croiseurs anglais capturèrent nos bâtiments venant des Antilles et nos baleiniers, et firent essuyer à notre commerce une perte de plus de trente millions. Rouillé qualifia hautement ces faits d'actes de piraterie sur la plus grande échelle. Louis XV s'écria qu'il ne pardonnerait jamais à l'Angleterre cette insolente violation du droit des gens, et la dénonça avec indignation à George II, en lui demandant réparation de l'insulte faite par Boscawen au pavillon français. George, pour toute réponse, s'assura personnellement de la neutralité de la Russie, et conclut un traité d'alliance avec la Prusse.

Shirley avait été placé à la tête des troupes anglaises et américaines. Son plan de campagne pour 1756 comprenait la prise de Québec, de Frontenac et de Toronto, qui amènerait forcément celle du fort Duquesne, de Détroit et de Michilimackinac. Washington, devenu colonel de volontaires, gardait la frontière de Virginie. Mais ses forces étaient insuffisantes, ses officiers peu exercés et il manquait encore de tentes et de munitions. Son impuissance le désolait. Les Shawnees en avaient profité pour dévaster les rivages de la Susquehannah et de la Delaware. Ils avaient massacré une famille allemande tout entière, et la législature de la Pensylvanie ne pouvait assurer aux habitants la sécurité qu'ils lui demandaient de tous côtés. Franklin, cependant, organisait les milices, dans lesquelles il avait accepté le commandement d'un régiment, et il dirigeait, à Guadenhutten, les travaux d'un fort destiné à mettre un terme aux incursions des Shawnees.

Le comte de Loudoun, les généraux Abercrombie et Webb arrivèrent en Amérique, au mois de juin 1756, accompagnés d'une quarantaine d'officiers allemands. Bradstreet avait ravitaillé Oswego, et il annonçait qu'une armée française était en marche pour attaquer cette place. Webb reçut l'ordre de partir pour la défendre. Abercrombie pouvait disposer de dix à douze mille hommes de troupes régulières et de milices provinciales. Il se laissa devancer par les Français qui préparaient la chute d'Oswego, tandis que les Indiens ravageaient les frontières des comtés d'Orange et d'Ulster. De Lévis emportait d'assaut le fort Bull et en détruisait les approvisionnements. De Villiers se retranchait près de l'embouchure de la Crique sablonneuse, d'où il commandait les passes de la rivière Onondaga et interceptait les secours destinés à Oswego. Le marquis de Montcalm, le chevalier de Lévis-Leran et le colonel d'infanterie Bourlamaque venaient précisément de débarquer à Québec. A la tête de trois régiments et d'un fort détachement d'Indiens, Montcalm vint mettre le siége devant Oswego. C'était le 12 août. Deux jours après, la garnison ennemie, forte d'environ seize cents hommes, capitulait. Ses drapeaux allèrent décorer les églises de Québec, de Montréal et des Trois-Rivières. Cent vingt canons, six bâtiments de guerre, trois cents bateaux, de grands approvisionnements et un numéraire considérable tombèrent entre les mains du vainqueur. Webb, qui avait pour mission de secourir la place, arriva trop tard et retourna honteusement à Albany.

Loudoun et Abercrombie semblaient lutter de lenteur et d'incapacité. Ils laissèrent les Français construire tranquillement un fort à Ticonderoga, licencièrent les milices provinciales et firent prendre leurs quartiers d'hiver aux troupes régulières : trois cents Pensylvaniens, sous la conduite de Hugues Mercer, châtièrent les Delawares de Kittanning, voisins du fort Duquesne. Le capitaine Doméré bâtit le fort Loudoun à la jonction du Telliquo et du Tennessee. D'autre part, les députés des six nations, et ceux des Algonquins, des Potawatomies et des Nipissings, réunis à Montréal, promettaient leur neutralité aux Français. Leurs jeunes hommes auraient voulu même se joindre à eux.

C'est du côté des Américains, comme du côté des Français, un assaut d'intrépidité et d'aventures. Les coureurs du fort William Henry, Stark à leur tête, tournent, au milieu de l'hiver de 1757, le poste fortifié de Carillon et enlèvent un convoi français qui se rendait de Ticonderoga à la pointe de la Couronne. Mais ils tombent à leur tour dans un parti de Français et d'Indiens, et ils perdent une vingtaine d'hommes. Le jeune Vaudreuil, avec quinze cents Canadiens et soldats, fait soixante lieues dans les neiges. Couchant à la belle étoile, et traversant les lacs George et Champlain, ils vont surprendre de nuit le fort William Henry. Mais la garnison est sur ses gardes, et ils ne peuvent que brûler les bateaux anglais, la maison d'approvisionnements et les huttes des coureurs de bois. Le gouverneur, son père, réunit à Montréal les guerriers de trente-trois nations. « J'ai l'ordre, leur dit-il, de détruire le fort que les Anglais viennent de bâtir sur les terres du roi mon maître. » Deux cents canots, ornés des enseignes de chaque nation, descendent le lac Champlain à Ticonderoga. Les airs guerriers de la France se mêlent aux acclamations des Peaux-Rouges et une messe solennelle est célébrée.

Montcalm et Vaudreuil connaissaient bien la légèreté des Indiens, qu'il est difficile de garder longtemps en campagne. En attendant l'heure de l'expédition qu'ils avaient méditée, ils employèrent leurs auxiliaires à toutes sortes d'embuscades et de coups de main dont ceux-ci ne revenaient jamais sans quelques chevelures, ni sans prisonniers. Les Ottawas s'emparèrent de vingt-deux barques qu'ils transportèrent à dos d'homme sur le lac George. Montcalm y tint une nouvelle assemblée générale des Peaux-Rouges. Toutes les tribus, depuis le lac Michigan et le lac Supérieur jusqu'aux frontières de l'Acadie, y étaient représentées. Montcalm scella l'alliance franco-indienne par le don de six mille coquilles, le plus solennel de tous aux yeux des Indiens. Ils jurèrent de ne pas quitter les drapeaux français avant la fin de l'expédition. Le gros de l'armée, commandé par Montcalm, s'embarqua sur des canots, pendant que de Lévis, à la tête de deux mille cinq cents hommes, prenait la voie de terre, par le pays des Iroquois. Le 2 août 1757, les Indiens entraient dans le lac George, remplissant l'air de hurlements et de cris de guerre. Les Anglais, surpris, leur abandonnèrent leurs baraques et leur bétail, et se réfugièrent pour la plupart dans le fort William-Henry que commandait le lieutenant-colonel Munro. Sommé de se rendre, Munro s'y refusa énergiquement. Montcalm poussa les travaux de siège que Webb, qui était avec quatre mille hommes à quelques milles de là, aurait pu facilement troubler. Il n'en fit rien, se contentant d'envoyer à ses chefs un rapport exagéré sur les forces françaises. Ce rapport fut intercepté par Montcalm et envoyé à Munro, qui ne se décida à se rendre qu'après l'épuisement presque complet de ses munitions et l'explosion de la moitié de ses canons.

La capitulation garantissait aux Anglais la vie sauve et les honneurs de la guerre, à la condition de ne pas servir pendant dix-huit mois contre les Français. Les chefs indiens s'étaient engagés à la respecter. Mais les Anglais leur avaient procuré des liqueurs fortes. Toute la nuit se passa en chants et en danses. Les Abenakis de l'Acadie rappelèrent aux autres tribus les maux que la puissance et l'orgueil de l'Angleterre leur avaient infligés. A la pointe du jour, les Indiens pénètrent dans le fort et commencent à massacrer les Anglais, qui s'enfuient, éperdus, dans les bois ou vers les tentes des Français. Bravant mille morts, de Lévis et Montcalm se jettent au milieu des Indiens. « Tuez-moi ! criait Montcalm, mais épargnez les Anglais qui sont sous ma protection ; » et il leur ordonna de se défendre eux-mêmes. Le fort William-Henry fut démoli, et ses nombreux approvisionnements transportés au Canada.

J'ai dit la pusillanimité de Webb. Celle du comte de Loudoun l'avait dépassée. Il se trouvait à Halifax, avec une belle armée de dix mille hommes et une flotte de seize vaisseaux de ligne, sans compter les frégates. Il s'amuse à jouer à la petite guerre, et, sur la nouvelle que la flotte française entrevue au cap Breton compte un vaisseau de plus que la sienne, il contremande une expédition projetée. Il parlait chaque jour de se rendre à Albany pour diriger les opérations contre Montcalm; et chaque soir le retrouvait à New-York. Montcalm avait été le héros de la campagne, et ce fut à bien juste titre que Louis XV lui envoya le grand cordon de Saint-Louis. Il avait humilié l'Amérique et l'Angleterre. Maître de la région des grands lacs, des vallées du Mississipi et du Saint-Laurent, il pouvait se flatter d'avoir consolidé l'œuvre laborieuse de ses devanciers. Mais l'Angleterre et l'Amérique s'occupaient des moyens de prendre une revanche éclatante, et le gouvernement de Louis XV semblait avoir épuisé toute son énergie dans la campagne que je viens de décrire.

CHAPITRE IX

LA GUERRE DE SEPT ANS : CONQUÊTE DU CANADA

Sommaire. — William Pitt au pouvoir. — Il pousse vigoureusement les opérations militaires en Amérique. — Amherst, Howe et Wolfe. — Siège et prise de Louisbourg. — Montcalm défait Abercrombie. — Investissement de Québec : bataille sous ses murs; mort de Wolfe et de Montcalm. — Capitulation de Québec.

Les dissensions intestines du cabinet de Saint-James, la compétition du duc de Newcastle et du duc de Bedford, leur irrésolution et leur incapacité avaient sensiblement influé sur la marche des affaires en Amérique. Les généraux anglais avaient mollement conduit la guerre. Mais William Pitt, en dépit de l'aristocratie et de la royauté elle-même, venait de prendre le premier poste dans le ministère. Il arrivait au pouvoir avec la volonté bien arrêtée de conquérir pour son pays la suprématie dans le monde. Ses talents étaient à la hauteur de son ambition, et il en donna bientôt la preuve. Oublieuses de leur ancienne rivalité, les maisons d'Hapsbourg et de Bourbon venaient d'unir leurs noms. Pitt resserra l'alliance de l'Angleterre avec Frédéric de Prusse, le vainqueur de Leuthen et de Rosbach, et il résolut d'expulser les Français du Canada. Loudoun fut rappelé. Abandonnant les errements suivis jusqu'alors et qui avaient vivement froissé l'amour-propre des Américains, Pitt plaça leurs officiers sur un pied d'égalité parfaite avec les officiers du roi. C'est au patriotisme des colons, et non à l'intervention du parlement, qu'il demanda les moyens pécuniaires de la guerre. A l'Angleterre de fournir les armes et les munitions ; aux colonies de lever, d'habiller et de payer des hommes, dépenses que le parlement, d'ailleurs, serait invité à rembourser. Bedford, Townshend et Halifax avaient habitué les Américains à être traités en vassaux plutôt qu'en citoyens. Pitt, qui avait un sentiment très-vif de la liberté politique, voulut la respecter d'un côté de l'Atlantique comme de l'autre.

Abercrombie avait gardé le commandement en chef nominal ; mais lord Howe, Wolfe et Amherst étaient les vrais chefs de la nouvelle armée. Bien que très-jeunes encore, lord Howe et Wolfe s'étaient distingués dans les champs de bataille de l'Allemagne. Amherst était d'un jugement solide et d'une habileté suffisante dans la conduite des troupes. L'armée comptait dix mille hommes environ ; la flotte vingt-deux vaisseaux de ligne et quinze frégates. Elle était sous les ordres

de Boscawen. Montcalm ne pouvait opposer aux Anglais que des forces insuffisantes, affaiblies par la disette. Le Canada traversait une véritable crise alimentaire. « Au milieu de la disette générale, dit M. Bancroft,
» les soldats étaient rationnés à une demi-livre de pain
» par jour. Les habitants de Québec n'en recevaient
» que deux onces seulement. Les paroles ne pourraient
» rendre la misère qui régnait. Les animaux domes-
» tiques avaient disparu. Le pays ne fournissait plus
» de légumes, de volaille, ni de bétail. Dans ce dénû-
» ment complet, on acheta et on distribua douze à
» quinze cents chevaux. Les artisans et les manœu-
» vres, tombant de faiblesse, ne pouvaient pas travail-
» ler. La voie de mer était fermée aux envois de
» France. »

Le 2 juin, la flotte anglaise entrait dans la baie de Chapeau-Rouge. L'état de la mer retarda de quelques jours le débarquement qui eut lieu le 8, sous la protection du feu des frégates. Wolfe sauta dans l'eau peu profonde et toucha terre le premier. Bientôt les Anglais enlevaient nos batteries et investissaient Louisbourg. La résistance des Français fut héroïque; quand ils rendirent la place, elle n'était plus qu'un monceau de ruines. Sur cinquante-cinq canons, quarante étaient hors de service. Cinq vaisseaux de ligne et quatre frégates ne pouvaient lutter contre la flotte anglaise. Matelots et soldats, au nombre de plus de cinq mille hommes, furent conduits comme prisonniers de guerre dans les possessions anglaises. La prise de Louisbourg entraînait la chute du cap Breton et de l'île du Prince-Édouard. Ces premiers succès avaient encore pour conséquence de relever le moral affaibli de l'armée anglaise et de surexciter le courage des troupes provinciales, qui avaient bravement fait leur devoir, sous les yeux d'Amherst, de Wolfe et de Boscawen. Ils causèrent en Angleterre un grand enthousiasme. La chambre des Communes glorifia l'armée et la flotte dans la personne de Boscawen.

La saison était trop avancée pour attaquer Québec. Bradstreet proposa une entreprise sur le fort Frontenac. Il fallait se rendre maître du fort Carillon, nommé Ticonderoga par les Indiens, que les Français avaient bâti sur le promontoire qui domine la rivière par laquelle le lac George se déverse dans le lac Champlain. Le seul point par où le fort fût accessible avait été couvert de retranchements; plus loin des scieries occupaient une excellente position militaire. Trois régiments devaient défendre ces lieux, mais Montcalm les avait rappelés, et il ne s'y trouvait, à l'arrivée des Anglais, que trois cents hommes sous les ordres de de Trépezée. Ils se retirèrent brûlant les ponts de la route de Ticonderoga. L'armée anglaise, laissant ses bagages derrière elle, s'avançait sur quatre colonnes « Ces gens, dit Montcalm, marchent avec précaution. Cependant, s'ils me

» donnent le temps de gagner les hauteurs que j'ai
» choisies au-dessus de Carillon, je les battrai. » Les
colonnes d'attaque perdirent leur direction ; et l'une
d'elles rencontra Trépezée dont le détachement fut
écharpé. Cette escarmouche coûta la vie à lord Howe.
Abercrombie voulait ramener son armée au point de
débarquement ; mais Bradstreet l'établit sur le terrain
près des scieries, et les Anglais couchèrent à un mille
et demi environ de l'ennemi.

Le lendemain, de bonne heure, Clerk vint reconnaître les lignes françaises, et les trouva moins fortes qu'elles ne paraissaient. Ce n'était point l'avis d'autres officiers, dont le coup d'œil plus militaire ne se trompait pas à la bonté de la position. Abercrombie, sans les écouter, donna l'ordre d'emporter les retranchements à l'arme blanche. L'armée anglaise, forte de quatorze mille hommes, se forma sur trois colonnes d'assaut. Mais Montcalm était prêt. Depuis quelques jours, il concentrait ses forces, qui ne dépassaient guère trois mille six cents hommes, dont quatre cents Indiens. Le 8, au matin, les tambours battent aux armes ; les troupes prennent leurs postes et attendent les Anglais. Ceux-ci s'avancent à la baïonnette, les troupes régulières marchant en tête, et remplissant les intervalles entre les régiments provinciaux. Incommodé par le soleil de juillet, Montcalm jette son habit, et défend de tirer un seul coup sans son ordre.

Quand les Anglais sont à bonne portée, il ouvre un feu de pierriers et d'espingoles qui fait d'énormes trouées dans les rangs de l'ennemi, que retardent dans sa marche les difficultés naturelles du terrain. A la gauche, Bourlamaque arrête les Anglais; à la droite, les charges héroïques des grenadiers et des highlanders viennent se briser contre les retranchements. Montcalm et Lévis défendent le centre. A six heures du soir, les Anglais étaient en pleine déroute.

Montcalm avait été partout pendant l'action. Abercrombie s'était tenu en lieu sûr, et ne fit rien pour rallier ses troupes. Il ne fallait, pour emporter le fort Carillon, au témoignage de Montcalm, que six mortiers et deux canons, et les Anglais avaient sous la main un parc considérable d'artillerie. Abercrombie se hâta de battre en retraite. Bradstreet fut plus heureux. Dans le courant du mois d'août, il s'empara du fort Frontenac, qui ne fut pas défendu. Il y trouva de grands approvisionnements pour le fort Duquesne, et neuf bâtiments de huit à dix-huit canons. A la fin de l'année, Amherst remplaçait Abercrombie.

Le succès de Bradstreet ouvrait le chemin de Niagara. Pitt ordonna de reprendre l'importante position du fort Duquesne, et d'envahir la vallée de l'Ohio. Forbes et Washington eurent la conduite de l'expédition. Deux mille hommes, sous la conduite d'un lieutenant de Washington, Bouquet, occupèrent la position de Loyal-Hanna. Trompé sur la véritable force de la garnison du fort Duquesne, Bouquet s'avança avec mille hommes, pour la faire tomber dans une embuscade. Aubry, le commandant du fort, lui infligea un sanglant échec. Washington lui-même se chargea de venger son lieutenant. Forbes, qui venait de mourir, avait perdu bien du temps pour arriver à Loyal-Hanna, et cinquante milles de solitudes séparaient Washington du but de son expédition. Il sut inspirer à ses hommes son activité et son courage, et une marche rapide le porta en vue du fort Duquesne. La garnison, découragée, y avait mis le feu, et avait redescendu l'Ohio.

» Le 25 novembre, le jeune héros put montrer à ses
» troupes la jonction des deux rivières, et, entrant
» dans la forteresse, il planta le drapeau anglais sur
» ses ruines abandonnées. Le lieu fut nommé Pittsburg
» d'une voix unanime. C'est le trophée le plus durable
» de la gloire de Pitt[1]. »

Malgré la situation critique où il se trouvait, Montcalm ne perdait pas confiance. « Je ne suis pas décou-
» ragé, écrivait-il, ni mes troupes non plus ; nous
» sommes résolus à nous ensevelir sous les ruines de
» la colonie. » L'Angleterre accumulait de son côté de formidables moyens d'attaque. « Stanvix devait
» compléter l'occupation des postes de l'ouest depuis

---

1. Bancroft : *Histoire des États-Unis*, t. III, p. 221.

» Pittsburg jusqu'au lac Érié; Prideaux réduire le fort
» Niagara; Amherst, maintenant commandant en
» chef, et, par sinécure, gouverneur de la Virginie,
» s'avancer avec le gros de l'armée sur le lac Cham-
» plain. Pour commander la flotte qui devait soutenir
» l'attaque de Québec, Pitt avait choisi Saunders, jeune
» officier qui joignait l'amour de la liberté civile à un
» vif courage, à une modestie sans affectation. L'armée
» du Saint-Laurent fut placée sous les ordres de Wolfe.
» Sa nature, à la fois affectueuse et hardie, mêlait la
» plus grande douceur de manières à un courage im-
» pétueux, qui jamais ne se laissait effrayer ni abattre.
» Il aimait les lettres et écrivait avec éloquence; pro-
» fondément instruit dans l'art de la guerre, il joignait
» à l'expérience un esprit inventif et plein de res-
» sources. Sa véhémente passion pour la gloire triom-
» pha de ses motifs d'aimer le repos. « Je me sens
» appelé, écrivait-il un jour à propos de son rapide
» avancement, à justifier l'attention dont on m'honore,
» par un mépris du danger et des efforts tels qu'ils me
» conduiront vraisemblablement à ma perte. La veille
» de son départ, il recevait les derniers ordres de Pitt,
» et, dans la compagnie des grands hommes d'État,
» il oubliait le danger, la gloire, tout, excepté le dé-
» sir suprême de se dévouer pour son pays[1]. »

1. *Histoire des États-Unis*, t. III, p. 223.

L'Angleterre triomphait partout. Au mois d'avril, une flottille anglaise s'était emparée du Sénégal; en décembre, les forts de Gorée se rendaient au commodore Auguste Keppel. Pocoeke était maître dans la mer des Indes. La Martinique avait repoussé les attaques d'une escadre et de six mille hommes de troupes britanniques. Mais la Guadeloupe avait capitulé. Sur le continent, Contades et de Broglie se faisaient battre à Minden par le prince Ferdinand de Brunswick. Que nous étions loin des jours glorieux de Steinkerque et de Nerwinde, et même de ceux plus récents de Lawfeld et de Fontenoy !

Fidèle à la politique libérale qu'il avait inaugurée vis-à-vis de l'Amérique, Pitt obtenait des colonies tous les sacrifices possibles en hommes et en argent. Le Massachusetts fournissait sept mille hommes, et le Connecticut cinq mille. On s'exerçait au maniement des armes dans tous les villages de la Nouvelle-Angleterre et du New-Jersey. Ce dernier État, sur quinze cents hommes disponibles, en levait mille. Montcalm avait, il est vrai, reçu quelques secours de la France. Mais il n'en restait pas moins dans un état d'infériorité militaire qui lui laissait peu d'espoir de conserver le Canada. « Cette campagne, » écrivait-il au maréchal de Belle-Isle, « verra, à moins d'un grand bonheur ou de
» grandes fautes de l'ennemi, se consommer ma perte. »
La population du Canada était réduite à quatre-vingt

mille âmes, dont sept mille hommes à peine en état de prendre les armes. Les troupes régulières ne montaient qu'à huit bataillons, de quatre cents hommes chacun. Les Anglais entraient en campagne avec des forces au moins quadruples.

Le corps de Prideaux s'engagea le premier. Deux bataillons de New-York, un bataillon du Royal-Américain et deux régiments anglais, avec des auxiliaires indiens et un détachement d'artillerie royale, vinrent investir le fort Niagara, célèbre par les souvenirs de la Salle et de Denonville. Aubry, avec douze cents hommes, courut à son secours. Johnson, qui avait remplacé Prideaux, tué par l'explosion d'un mortier, lui barra résolûment le passage. Attaqués de flanc par les Indiens, de front par les milices et les troupes royales, les Français durent battre en retraite. La poursuite fut acharnée, et le carnage complet. Les bois étaient pleins de cadavres. Le lendemain, la garnison de Niagara capitulait. Les troupes de Sauwia occupèrent, sans coup férir, tous les postes français jusqu'à l'Érié. Grâce à la désobéissance de Gage, Lévis, commandant en second des forces françaises, put occuper cependant les postes d'Ogdenburg, qui commandent Montréal.

Amherst réunissait en même temps le gros de ses forces sur les bords du lac George (1759). Plein de sang-froid et toujours maître de lui, il avait l'esprit

juste, de la solidité comme général, mais peu d'invention et de spontanéité ; le 21 juillet, il s'embarquait sur le lac Ontario, et le lendemain, ses onze mille hommes prenaient pied sur la rive orientale. Les Français évacuaient Ticonderoga, la pointe de la Couronne et se retranchaient dans l'île aux Noix. La population entière du Canada avait été appelée aux armes. La noblesse se montra digne de l'antiquité de sa race et de sa vieille gloire militaire. Elle accourut la première et jamais on ne lui vit déployer plus de courage et de dévouement. « La levée avait été si gé-
» nérale qu'il ne restait pas assez de monde pour faire
» la moisson autour de Montréal. Afin de prévenir la
» famine, on y employa les femmes, les vieillards et
» les enfants. Comme la majeure partie des forces
» était avec Montcalm sous les murs de Québec et que
» les Indiens n'accouraient plus dans le camp français,
» la petite armée, en face d'Amherst, n'avait que le
» quart de son effectif et son recrutement était impos-
» sible. On attendait à chaque instant une attaque sur
» Montréal [1]. » Amherst cependant n'avançait pas et passait août, septembre et une partie d'octobre en travaux stériles de fortifications. Il prit enfin ses quartiers d'hiver. « Amherst se fit un grand nom,
» parce que la Nouvelle-France fut réduite pendant

---

1. *Histoire des États-Unis,* t. III, p. 229.

» son commandement en chef, mais si Wolfe lui eût
» ressemblé, Québec n'eût pas succombé[1]. »

A la débâcle des glaces, Wolfe avait rassemblé à Louisbourg les éléments de l'expédition qui devait agir contre Québec. Les forces de terre étaient de huit mille hommes ; la flotte, sous les ordres de Saunders, comptait vingt-deux vaisseaux de ligne et autant de frégates et autres bâtiments. Parmi les officiers de cette flotte se trouvaient deux hommes qui devaient devenir célèbres, Jervis, depuis comte de Saint-Vincent et Jacques Cook. Les brigades avaient à leur tête Robert Monckton, plus tard vainqueur de la Martinique et gouverneur de New-York, George Townshend et James Murray. Carleton commandait un corps spécial de grenadiers ; le lieutenant-colonel William Howe, qui joua depuis un rôle marqué dans la guerre de l'indépendance, conduisait l'infanterie légère. Barré était chef d'état-major.

Le 26 juin, l'expédition arrivait heureusement à la hauteur de l'île d'Orléans, elle débarquait le lendemain. Au sud-ouest se dressait le promontoire, sur les pentes et aux pieds duquel Québec est bâtie, dans un des sites les plus grandioses du monde entier. La ville, entourée de remparts et protégée par des retranchements, semblait imprenable.

1. *Histoire des États-Unis,* t. III, p. 229.

Montcalm, qui n'avait sous la main qu'un petit nombre de soldats éprouvés, comptait principalement sur la force des lieux, et il l'avait augmentée de tout son pouvoir. Wolfe put s'en apercevoir dans la reconnaissance générale qu'il fit, en compagnie de Saunders, au commencement de juillet. La plaine, où se perd par des pentes abruptes le promontoire Diamant, et le plateau qui domine Québec avaient été couverts d'ouvrages. Le camp retranché des Français, dont le centre était au village de Beaufort, s'appuyait d'un côté aux rapides du Montmorency, de l'autre à la rivière Saint-Charles et aux marais voisins. Des chaloupes canonnières et des batteries flottantes défendaient tous les points de débarquement. Les assiégés lançaient en outre contre la flotte des brûlots et des radeaux chargés de pièces d'artifices.

Juillet allait finir, et le siége n'était pas plus avancé que le jour même du débarquement. Impatienté de ces lenteurs, Wolfe résolut de tenter une attaque. Après sa chute, le Montmorency coule paisiblement, pendant quelques centaines de mètres, au milieu de vertes prairies. Au retrait du flot, on peut le passer à gué, près de son confluent avec le Saint-Laurent. Wolfe ordonna aux brigades Townshend et Murray de traverser à ce moment le Montmorency, tandis que, de son côté, Monckton aborderait, par le Saint-Laurent, à la pointe Lévis. Au signal donné, le mouvement commença.

Mais une partie des bateaux de Monckton alla donner contre des roches à fleur d'eau, et les Français en profitèrent pour ouvrir sur ses troupes un feu de mousqueterie et de bombes des plus meurtriers. Wolfe, cependant, ne voulait pas désespérer du succès. Treize cents grenadiers et deux cents hommes du Royal-Américain se lancent, sans ordres, sur les retranchements. Ils sont rudement repoussés, et ne se reforment qu'avec peine autour des troupes de Monckton. La nuit approchait, et le ciel était menaçant. Wolfe se décide à ordonner la retraite. Le feu de l'ennemi et la nature du terrain, accidenté, boueux et souvent impraticable, la rendirent désastreuse. Quatre cents hommes avaient payé de leur vie la témérité des grenadiers de Carleton.

Deux tentatives de Murray, pour détruire les navires français stationnés au-dessus de la ville et ouvrir une communication avec Amherst, restèrent infructueuses. Murray dut se contenter de son facile triomphe sur des invalides placés à Deschambault pour protéger les femmes et les enfants. Wolfe attendait Amherst avec une vive impatience. « Vain espoir ! Le général » en chef, quoiqu'il n'eût devant lui que trois mille » hommes, s'attardait toujours à la pointe de la Cou- » ronne. Il ne donnait pas même de ses nouvelles, et » Wolfe demeurait seul à lutter contre des difficultés » que chaque jour rendait plus effrayantes. Les nom-

» breux combattants placés sous les ordres de Mont-
» calm ne peuvent, disait-il, être appelés une armée;
» mais les Français ont, pour défendre Québec, la
» plus forte position peut-être qui soit au monde. »
» Leurs chaloupes étaient nombreuses, et leurs points
» faibles gardés par des batteries flottantes. L'œil
» perçant des Indiens déjouait les surprises, et les
» Canadiens, attentifs et vigilants, élevaient prompte-
» ment des retranchements partout où le besoin s'en
» faisait sentir. Les paysans défendaient courageuse-
» ment leurs demeures, leur langage et leur religion.
» Des vieillards de soixante-dix ans et des enfants de
» quinze ans à peine, répandus en tirailleurs sur la
» lisière des bois, faisaient le coup de feu contre les
» détachements anglais. Tout homme en état de por-
» ter les armes était soldat. On faisait peu de quartier
» d'un côté et de l'autre. Depuis deux mois la flotte
» anglaise était à l'ancre et l'armée sous ses tentes.
» Le faible tempérament de Wolfe succombait sous
» le poids de ses inquiétudes et d'une inaction pleine
» d'anxiété [1]. »

Dans un conseil de guerre, on discuta trois plans d'attaque différents, proposés par Wolfe : ils furent tous rejetés comme impossibles. Saunders était disposé à prêter l'appui de ses vaisseaux à un assaut

1. *Histoire des Etats-Unis*, t. III, p. 233.

général. Mais Wolfe lui-même, malgré l'agitation de son esprit, qui le portait aux mesures extrêmes, ne voulut pas risquer la flotte dans une tentative presque insensée. On s'arrêta à l'idée de transporter quatre ou cinq mille hommes au-dessus de la ville et d'attirer Montcalm hors de ses retranchements. En rase campagne, la composition des troupes anglaises offrait, sinon une garantie, au moins une chance de succès. Assurant ses postes, dans l'île d'Orléans, en face de Québec, Wolfe fit donc embarquer, à la pointe Lévis, devenue son quartier général, les forces destinées à agir. Ce mouvement avait lieu les 5 et 6 septembre. Les jours suivants, l'amiral Holme remonta la rivière, afin de tromper Bougainville, qui avait été envoyé sur la rive Nord, dans le but d'y surveiller les mouvements des Anglais et d'empêcher un débarquement. On respira dans les murs de Québec. L'hiver approchait, et le danger immédiat disparaissait. De Lévis partit avec un assez fort détachement, trois mille hommes dit-on, au secours de Montréal. « Ma consti-
» tution, écrivait Wolfe, au comte de Holdernesse, le
» 9 septembre, quatre jours précisément avant sa
» mort, ma constitution est entièrement ruinée, sans
» que j'aie la consolation d'avoir rien fait de considé-
» rable pour l'État, et sans que j'aie la perspective de
» mieux faire [1]. »

1. *Histoire des États-Unis*, t. III, p. 231.

Il s'occupait, néanmoins, avec persévérance de reconnaître la rive Nord au-dessus de Québec. La petite crique, qui porte son nom, et que forment les dernières pentes du promontoire Diamant et de la pointe Lévis, lui sembla propice à un débarquement clandestin. « Le jour et la nuit du 12 furent employés en pré-
» paratifs. Cette soirée d'automne était belle, et le
» général, à la clarté de la lune, visita ses postes,
» donnant son dernier coup d'œil et distribuant ses
» derniers encouragements. En passant de navire en
» navire, il parla, à ses compagnons de canot, du poëte
» Gray, et de son élégie sur un cimetière de cam-
» pagne : « Je préférerais, dit-il, la gloire d'être l'au-
» teur de ce poëme à celle de remporter demain une
» victoire sur les Français. » Et tandis que, dans le
» silence de la nuit, les avirons battaient les eaux
» soulevées par la marée montante, il répéta ces vers :

> The boast of Heraldry, the pomp of Power
> And all that beauty, all that Wealth ever gave
> Await alike the inexorable hour.
> The paths of Glory lead but to Grave.

» L'orgueil des titres, la pompe du pouvoir, et tout
» ce que la fortune ont jamais pu donner, sont égale-
» ment soumis à l'heure inexorable. Les sentiers de la
» gloire ne conduisent qu'au tombeau. »

A une heure du matin, dans la nuit du 13 septembre, l'opération commença. Les bateaux, portant

la moitié des troupes, ouvraient la marche; puis venaient les vaisseaux avec l'autre moitié. Sous leur protection, le débarquement se fit sans encombre. Un étroit sentier, garni d'épaisses broussailles, conduisait à une hauteur, dominant la Crique, et couronnée elle-même par un faible retranchement. Les Français en furent vite délogés, et, sur la gauche, une batterie de quatre canons resta aux mains du colonel Howe. Toutes les troupes n'étaient pas débarquées que Wolfe se déployait déjà dans les plaines d'Abraham. Montcalm ne crut d'abord qu'à une tentative de partisans. Mais bientôt mieux informé : « Ils ont enfin trouvé le
» côté faible de cette misérable garnison, s'écria-t-il.
» Il nous faut livrer bataille et les écraser avant midi. »
A dix heures, les deux armées étaient en présence, les Anglais s'avançant en bon ordre et protégés par les bois et les plis du terrain, les Français les attendant sur un monticule qui dominait la position ennemie. L'action venait de s'engager par une canonnade à distance, quand tout à coup, après avoir en toute hâte appelé à son aide Bougainville et les quinze cents hommes de Vaudreuil, qui se tenaient près du camp, Montcalm se décida à prendre l'ennemi de flanc et à le rejeter sur la rive escarpée du fleuve. Townshend fit avorter ce mouvement. Alors, sans attendre plus longtemps ses renforts, Montcalm dirigea une attaque impétueuse sur le front des Anglais. Ceux-ci l'atten-

daient de pied ferme. Quand les Français furent arrivés à quarante pas de leurs rangs, ils répondirent, à leurs feux de peloton irréguliers, par une fusillade rapide, nourrie et bien dirigée. Le lieutenant de Montcalm tombe mort; Carleton et Barre sont blessés. Les Canadiens, novices au feu, commencent à fléchir. Aussitôt Wolfe se place à la tête du 28e et des grenadiers de Louisbourg, et les charge à la baïonnette. Ils lâchent pied de tous côtés. Mais la victoire devait coûter cher aux Anglais. Blessé d'abord au poignet, Wolfe avait reçu une balle en pleine poitrine : « Soutenez-moi, cria-t-il à un officier près de lui, que mes braves compagnons ne me voient pas tomber. On le transporta sur les derrières, et on lui donna de l'eau pour étancher sa soif. « Ils fuient ! ils fuient ! dit l'officier sur lequel il s'appuyait. — Qui fuit ? demanda Wolfe déjà mourant. — Les Français, répondit l'officier, ils se débandent de toutes parts. — Quoi, s'écrie le héros, fuient-ils déjà ! Allez, l'un de vous, vers le colonel Burton ; dites-lui de diriger en toute hâte le régiment de Webb vers les Trois-Rivières, afin de couper la retraite aux fuyards. » Quatre jours auparavant il avait envisagé avec découragement une mort prochaine. « Maintenant, dit-il, que Dieu soit loué, je meurs content. » Ce furent ses derniers mots : son âme s'était envolée dans tout l'éclat de la gloire [1]. »

1. *Histoire des États-Unis*, t. III, p. 237.

Montcalm se mourait aussi : « Né et élevé dans les
» camps, Montcalm avait cependant reçu une éducation
» brillante; la langue d'Homère et l'art de la guerre
lui étaient également familiers. Laborieux, juste et
» désintéressé, sage au conseil et prompt dans l'action,
» il trouvait dans son âme une source féconde de har-
» dis desseins, et son courage allait jusqu'à la témérité.
» Sa carrière dans le Canada n'avait été qu'une lutte
» étonnante contre un destin inexorable. Supportant
» sans se plaindre la faim et le froid, les fatigues et les
» veilles, soigneux de ses soldats, oublieux de sa per-
» sonne, il donnait aux Peaux-Rouges mêmes, enfants
» des forêts, l'exemple de l'abnégation et de l'énergie
» dans la souffrance. Au milieu de la corruption géné-
» rale, il ne tendait qu'au bien public. Frappé par une
» balle des soldats de Monckton, il avait continué de
» combattre jusqu'au moment où, près de la porte
» Saint-Jean, essayant de rallier dans un taillis un
» corps de fuyards canadiens, il reçut une blessure
» mortelle.

» En apprenant du chirurgien que sa mort était cer-
» taine : J'en suis content, dit-il; combien de temps
» vivrai-je encore? — Dix ou douze heures; peut-être
» moins. — Le moins sera le mieux; je ne vivrai pas
» pour voir la reddition de Québec. » Au conseil de
» guerre, il démontra que l'on pouvait en douze heures
» concentrer les troupes qu'on avait sous la main, et

» attaquer de nouveau les Anglais avant qu'ils eus-
» sent le temps de se retrancher. Quand de Ramsay,
» qui commandait la place, lui demanda son avis sur la
» défense qu'on pouvait faire, il répondit : « Je confie
» à votre garde l'honneur de la France ; pour moi, je
» passerai la nuit avec Dieu, je me préparerai à la
» mort. » Ayant écrit une lettre qui recommandait les
» prisonniers français à la générosité des Anglais, il
» consacra ses dernières heures à l'espérance d'une vie
» immortelle, et à cinq heures du matin il expirait [1]. »

Les dernières recommandations du héros français eurent le même sort que celles de Wolfe. Townshend arrêta ses troupes, et refusa le combat à Bougainville, qui s'avançait avec de nouvelles forces. Le jour même de la bataille, Vaudreuil invitait Ramsay à ne pas exposer Québec aux horreurs d'un assaut dont on pouvait prévoir l'issue fatale, et l'engageait à rendre la place, dès qu'il n'aurait plus de vivres. Un capitaine d'artillerie, Fiedmont, insista bien pour une résistance à outrance ; mais il ne put triompher de l'indécision des chefs et de la lassitude générale. Les habitants de Québec se disaient à bout de sacrifices et croyaient avoir largement rempli leur devoir.

Le 17 septembre, sans attendre la construction des batteries anglaises, Ramsay capitula.

---

1. *Histoire des États-Unis*, t. III, p. 238.

Les Canadiens ne purent cependant voir sans amertume flotter les couleurs de l'Angleterre sur les remparts de Québec qu'avaient si longtemps protégés le drapeau fleurdelisé. Mais à leurs regrets et à la haine de l'Angleterre se mêlait un juste ressentiment contre le gouvernement français, qui les avait abandonnés à leurs faibles ressources et n'avait pas su venir en aide à l'héroïque Montcalm. En Amérique et en Angleterre ce furent des transports de joie frénétiques. Les temples retentirent d'actions de grâces; le nom de Wolfe et des vainqueurs de Québec étaient dans toutes les bouches. Au parlement, Pitt renvoya à Dieu les félicitations dont on l'accablait « Plus un homme est dans les affaires, dit-il, plus il trouve la main de la Providence partout. » Et il prédit de nouveaux succès maritimes. L'amiral Hawke battait en effet deux mois plus tard la flotte de l'amiral de Conflans.

CHAPITRE X

LA GUERRE DE SEPT ANS. DERNIERS ÉVÉNEMENTS ET PAIX DE PARIS (1761-1763)

SOMMAIRE. — Tentative de reprendre Québec : son insuccès. — Rogers prend possession de la région des Grands-Lacs. — Mort de George II. — George III lui succède : il est disposé à la paix. — Pitt : sa haine des Bourbons et des Français; il entrave la paix; il se démet. — Choiseul : ses efforts pour une paix honorable; il est contraint d'accepter celle de 1763. — Cession du Canada. — Les Français reparaissent en Amérique en 1776.

L'inaction d'Amherst n'avait pas failli seulement être fatale à Wolfe : elle avait remis à une autre campagne la conquête du haut-Canada. Au commencement de 1760, les Français n'avaient point renoncé à l'espoir de reprendre Québec. La place était abondamment pourvue d'approvisionnements de toute sorte, et l'on connaît sa force naturelle. Townshend, cependant, la déclarait incapable de tenir longtemps, et Murray, son commandant, prévoyait le cas où il aurait à se réfugier dans l'île d'Orléans. Encouragé par leurs appréhensions, de Lévis, le successeur de Montcalm, vint, aussitôt la débâcle de Saint-Laurent; met-

tre le siége devant Québec, à la tête de dix mille hommes. Attaquée par Murray, le 29 avril, l'avant-garde française, sous les ordres de Bourlamaque, reçut vigoureusement le premier choc et prit à son tour l'offensive. Pour ne pas être enveloppé, Murray dut fuir, laissant sur le terrain toute son artillerie et un millier de morts. Lévis ouvrit ses tranchées; mais le froid retardait la marche des travaux, et les assiégés se fortifiaient rapidement. Cependant il n'y avait, dans le camp français, qu'une voix sur le succès de l'entreprise. Une flotte anglaise fit lever le siége. « Joignez-
» vous à moi, mon amour, écrivait Pitt à sa femme;
» joignez-vous à moi dans les actions de grâces les
» plus humbles et les plus reconnaissantes envers le
» Tout-Puissant. Le siége de Québec a été levé, le
» 17 mai, dans les circonstances les plus heureuses.
» L'ennemi a laissé ses tentes et abandonné quarante
» pièces de canon. Swanton, arrivé le 15, sur le
» *Vanguard*, a détruit tous les navires français, au nom-
» bre de six ou sept. Heureux, heureux jour! Ma joie
» et ma satisfaction sont inexprimables. »

Trois corps d'armée se dirigeaient sur Montréal, commandés, l'un par le colonel Haviland, le second par Amherst, le troisième par Murray. Haviland trouve l'île aux Noix abandonnée. Amherst, qui avait suivi la vallée de l'Oswego, au lieu de la route directe, occupa, chemin faisant, les faibles ouvrages d'Ogdensburg. Le

7 septembre, il se rencontrait devant Montréal avec Murray, qui s'était borné à quelques démonstrations, brûlant çà et là des villages, et pendant des Canadiens. Haviland arrivait à son tour le lendemain. Il n'était pas besoin de si grandes forces pour s'emparer d'une ville ouverte, de cinq cents habitants, que Vaudreuil avait sagement résolu d'évacuer à la première apparition de l'ennemi. Le lendemain, les généraux anglais entraient dans la ville et signaient avec Vaudreuil une capitulation qui s'étendait à tout le Canada. On y déterminait ses limites par la langue de terre qui sépare les branches de l'Érié et du Michigan de celles des rivières Miami, Wabash et Illinois. On y stipulait des conditions en faveur de la propriété et de la religion des Canadiens; mais la capitulation restait muette sur la question de liberté civile. La colonie française semblait passer, en vertu du droit de conquête, sous la domination arbitraire du souverain de la Grande-Bretagne.

Cinq jours après, Rogers entreprit de porter le pavillon anglais jusqu'aux postes français des Lacs. Arrivé à l'embouchure d'une petite rivière dont le nom est resté incertain, il y trouva une députation des Indiens Ottawas. Ils l'engagèrent, avant de passer outre, à attendre l'arrivée de leur grand chef, Pontiac, le même qui, peu d'années plus tard, devait soutenir pour son propre compte une lutte sanglante contre les colons. Rogers y consentit, et, s'abouchant avec Pontiac, il fit connaître au chef, irrité de l'invasion de son territoire, qu'il n'y venait pas dans des vues hostiles aux Indiens, mais dans le seul but d'en chasser les Français. Et il lui offrit le wampum de paix. Mais Pontiac le rendit à Rogers, lui enjoignant d'attendre son bon plaisir pour continuer sa marche. Le lendemain, Rogers partait, chargé des présents de Pontiac, et accompagné de guerriers ottawas. Bientôt, par une marche rapide, il s'emparait de Détroit et le Michigan, par ce coup de main, venait s'ajouter aux conquêtes de l'Angleterre.

« Le désir de mon cœur est de mettre un terme à
» l'effusion du sang, avait dit George II. — On en a
» déjà bien assez répandu, avait ajouté le comte de
» Bath. » D'autres considérations, plus puissantes en politique que la voix seule de l'humanité, militaient en faveur de la paix : l'intérêt des alliés continentaux de la Grande-Bretagne, de Frédéric de Prusse notamment, les lourdes charges de la guerre, et le danger qu'aux yeux de certains hommes d'État, l'accroissement illimité des forces de terre et de mer de l'Angleterre pouvait faire courir à sa constitution. Ils allaient jusqu'à dire que l'annexion de la Guadeloupe et celle même du Canada aux possessions britanniques, pouvaient constituer un péril plus qu'un avantage. Les voisins que l'on tient en crainte, répondaient-ils à Pitt,

ne sont pas toujours les pires. Paroles vraiment prophétiques (1760) à la veille des événements de 1776! Mais Pitt se montrait intraitable. S'il réservait la question de la restitution à la France de Gorée et de la Guadeloupe, il se prononçait, avec la plus grande énergie, pour la conservation du Canada. L'honneur et l'intérêt de la Grande-Bretagne lui paraissaient l'exiger, et il trouvait à cet endroit un auxiliaire dans le comte de Bath lui-même, tout enclin d'ailleurs que fût ce dernier à la paix. « Rendre le Canada aux Français, di-
» sait-il, c'est ouvrir la voie à une nouvelle guerre!
» Si nous ne voulons pas être forcés d'entretenir de
» grandes forces même en pleine paix, il ne faut pas
» que nous leur laissions un pouce de terre en Amé-
» rique! »

Les Américains, mais dans des vues et des espérances toutes personnelles, réclamaient aussi énergiquement l'annexion du Canada. William Burke, le parent du célèbre Edmond Burke, avait manifesté ses craintes au sujet du grand développement que prendrait la population des colonies, délivrée de la crainte des Français : il redoutait les conséquences aisées à déduire de ce prompt accroissement d'un peuple hardi, indépendant et impatient du joug de la métropole. Benjamin Franklin, aux applaudissements de ses concitoyens, retournait l'argument : « Avec l'annexion du Canada,
» disait-il, notre population en Amérique s'accroîtra

» merveilleusement. Elle double actuellement tous les
» vingt-cinq ans, par le seul effet des naissances, et
» cet accroissement, s'il se maintient, rendra dans
» un siècle les sujets anglais de ce côté de l'eau plus
» nombreux qu'ils ne le sont de l'autre. Maintenant,
» subordonner leurs propres appréciations à certaines
» craintes, ce serait, de la part des ministres,
» renoncer à assurer à la nation et au nom britan-
» nique une stabilité et une permanence qu'aucun
» homme, familier avec l'histoire, n'eût osé espérer
» pour eux avant que les possessions américaines en
» eussent ouvert la brillante perspective. » Il ne comprenait pas, d'ailleurs, que l'Angleterre restreignît son
occupation au littoral, et il évoquait aux yeux de la
mère patrie le spectacle éblouissant de cette navigation immense qui se fait aujourd'hui sur les grands
fleuves de l'Amérique du Nord. De nouveaux fermiers
s'établiraient dans les contrées fertiles et deviendraient,
ainsi que les Indiens eux-mêmes, les tributaires du
commerce anglais. Il ne concevait nullement que
l'extension des colonies pût constituer un danger.
« Nous avons déjà, continuait-il, quatorze gouverne-
» ments particuliers sur la côte maritime du continent,
» et nous en aurons probablement plus tard autant
» dans l'intérieur des terres. Leur jalousie mutuelle
» est si grande qu'ils n'ont jamais pu effectuer d'union
» entre eux, ni même s'accorder pour demander à la

» métropole de faire cette union. S'ils n'ont pu s'en-
» tendre, en vue de la défense commune contre les
» Français et les Indiens, qui harcelaient perpétuelle-
» ment leurs établissements, détruisaient leurs villa-
» ges et décimaient leur population, peut-on craindre
» qu'ils se réunissent contre la mère patrie, qu'ils ai-
» ment tous bien plus qu'ils ne s'aiment entre eux? Une
» telle union est impossible, à moins qu'on ne les y
» pousse par les mesures les plus tyranniques et les
» plus oppressives. Les hommes qui ont des propriétés
» à conserver et des priviléges à sauvegarder, sont gé-
» néralement enclins à la tranquillité, et plutôt dispo-
» sés à beaucoup souffrir qu'à tout hasarder. Tant que
» le gouvernement se montre doux et juste, tant que
» principaux droits civils et religieux restent assurés,
» ils demeurent des sujets fidèles et obéissants. Les
» vagues ne s'élèvent que sous l'effort des vents [1]. »

Les esprits et les choses en étaient là, quand survint la mort de George II, frappé d'une attaque d'apoplexie foudroyante. Les premiers actes de George III, son petit-fils, marquèrent d'une façon très-significative le changement de direction qui se préparait dans la politique de l'Angleterre. Le nouveau roi, âgé à peine de vingt-deux ans, arrivait au trône avec des idées très-arrêtées de prérogative royale et de gouverne-

---

1. *Histoire des États-Unis*, t. III, p. 259-60.

ment personnel. A ce titre il n'aimait guère Pitt, qui avait toujours soutenu la prépondérance du parlement, sans excéder pourtant les limites de la constitution anglaise, qui ne se prête point à l'annihilation de l'un ou l'autre des pouvoirs. La paix lui semblait également un besoin et une sorte de devoir. Dans le projet du discours du trône, il avait même qualifié la guerre de *coûteuse* et *sanglante*. Ce ne fut pas sans peine que Pitt réussit à faire modifier cette première rédaction. Dans son discours, tel qu'il fut prononcé devant le parlement, George III déclarait toujours la guerre *coûteuse*; mais il ajoutait qu'elle était *juste* et *nécessaire*, et il témoignait de son désir de la terminer, de *concert avec ses alliés*, par une paix honorable et durable.

Pitt, dès ce jour, put s'attendre à perdre la haute position qu'il occupait dans les conseils de son pays. Il ne se résigna point à la quitter sans lutte. On le vit, dans toutes les circonstances qui affectaient son système politique, tenir tête à George III et à lord Bute, son ministre favori. Le roi désirait ardemment rompre son alliance avec la Prusse, et traiter séparément avec la France. Pitt décida le cabinet à renouveler le traité annuel avec Frédéric, et le parlement à voter les fonds nécessaires. Le roi répondit à cette violence morale par un exercice de sa prérogative, et le cabinet se remplit peu à peu d'ambitieux vulgaires ou d'ennemis

déclarés du premier ministre. Les négociations continuaient secrètement, et le duc de Choiseul se prêtait volontiers aux dispositions pacifiques de George III. Peu soucieux des objections par trop intéressées de l'Autriche et de l'Espagne, nos alliées, il se montrait prêt à traiter seul avec l'Angleterre. Comme bases de paix, il proposait la conservation par chaque puissance belligérante des conquêtes qu'elle avait pu faire sur l'autre. Or l'Angleterre avait pris à la France Gorée, la Guadeloupe, le Canada, et nous ne lui avions enlevé que l'île de Minorque. Tout en donnant des dates pour le point de départ de la possession, dans l'un et dans l'autre continent, il consentait à ce que l'Angleterre en fixât d'autres. On ne doutait pas en France du succès des négociations sur de telles bases. « Mais la
» nature hardie et peu accommodante de Pitt, qu'en-
» flammait le succès, n'était pas faite pour une œuvre
» de réconciliation..... Il acceptait, comme base, que
» chaque nation garderait ses acquisitions. Mais il
» différait le règlement des dates de possession, jus-
» qu'à ce que la flotte de cent cinquante voiles, qui
» avait appareillé le jour même de la réponse à Choi-
» seul, eût pu faire la conquête de Belle-Isle. C'est la
» grande tache qui pèse sur la mémoire de William
» Pitt. Chaque but de la guerre avait été atteint; il
» n'insistait pour sa prolongation qu'en vue de nou-
» veaux agrandissements. L'Angleterre peut lui par-

» donner les écarts d'un attachement passionné pour
» la grandeur de son pays. L'histoire impartiale dé-
» cerne la palme à la modération du jeune souverain,
» qui ambitionnait la gloire plus pure d'arrêter la
» victoire par une paix raisonnable[1]. »

Cet esprit d'inflexibilité, de patriotisme hautain et de haine contre la France, se retrouvait chez Pitt dans la discussion des moindres clauses du traité de paix. La plus pénible, entre toutes, et la plus humiliante, était, aux yeux de Choiseul, la démolition de Dunkerque. « Je n'y tiens pas, répondait Pitt, comme
» garantie contre vous : mais le peuple anglais con-
» sidère cette démolition comme une marque perma-
» nente de votre abaissement. » Choiseul, en compensation de nos conquêtes en Allemagne, manifestait une velléité de conserver le Canada. « Vos alliés, objectait
» Pitt, ne consentiront jamais à ce que vous gardiez un
» pouce de terre dans ces pays. Le seul résultat de
» tous vos efforts, de tant d'argent et d'hommes dépen-
» sés, sera l'agrandissement de la maison d'Autriche. »
La France réclamait la restitution de ses bâtiments de commerce capturés avant la déclaration de guerre. C'était un acte de justice et de loyauté qui incombait à l'Angleterre. « Le canon, s'écriait Pitt, a réglé la
» question en notre faveur. — Le dernier coup n'est pas

---

[1]. *Histoire des États-Unis*, t. III, p. 279.

» tiré, » lui répliquait fièrement notre plénipotentiaire Bussy. Le refus obstiné de Pitt de rien concéder au sujet des pêcheries, auxquelles les puissances maritimes attachaient alors tant d'importance, avait réveillé en France des sentiments d'indignation et de colère. On y parlait de reprendre les armes à tout risque, plutôt que de subir tant d'insolence et d'aussi dures et humiliantes conditions.

Pitt méprisait ces tressaillements d'un ennemi qu'il croyait à tout jamais abattu. Devant l'opposition du roi, il se sentait cependant une sorte d'irrésolution peu en harmonie avec son caractère et ses mobiles ordinaires. « La paix qu'on nous offre, » disait Granville, le lord-président, « est plus avantageuse à l'Angle-
» terre qu'aucune que nous ayons jamais conclue
» avec la France, depuis les temps du roi Henri V. »
« Je prie Dieu, » disait en juillet le duc de Bedford à lord Bute, « que Sa Majesté profite de cette occasion
» de surpasser en grandeur et en magnanimité ses
» plus illustres prédécesseurs, en donnant à son peu-
» ple une paix sage et durable. » Il n'attendait rien, du reste, des efforts qui pouvaient se faire, pendant l'été, contre Belle-Isle. « Avant décembre, disait Pitt,
» j'aurai pris la Martinique. » « Cette prise, répliquait
» Bedford, vous donnera-t-elle les moyens d'obtenir
» une paix meilleure que celle qui est à notre disposi-
» tion? Engagera-t-elle les Français à abandonner

» leur droit aux pêcheries? En vérité, continuait-il
» avec bon sens et dans un louable sentiment, l'entre-
» prise d'enlever à la France toute puissance navale
» est une entreprise contre nature, qui n'offre aucun
» avantage pour notre pays. Elle peut, au contraire,
» exciter toutes les puissances maritimes de l'Europe
» à se liguer contre nous, qui adoptons un système
» de monopole des mers dangereux aux libertés de
» l'Europe. Au cas où l'on déciderait une nouvelle
» campagne, ajoutait-il, je me lave les mains de tout
» le sang qui pourra être versé [1]. »

Le conseil des ministres, sur l'invitation du roi, devais se réunir, le 20 juillet, pour débattre les conditions définitives de la paix. Mais dans l'intervalle, enhardie par l'alliance qu'elle venait de renouer avec l'Espagne, la France avait tenu au cabinet de Saint-James un langage plus ferme. Choiseul démandait non-seulement que l'Angleterre refusât désormais ses secours au roi de Prusse, qu'elle payât les indemnités réclamées pour prises illégales, et qu'elle reconnût le droit aux pêcheries, mais encore qu'elle détruisît ses établissements dans la baie de Honduras. Pitt, pour toute réponse, fit parvenir à Versailles ses conditions de paix *sine qua non*. Elles consistaient dans l'abandon du Canada, du Sénégal et de Gorée, de la moitié des

---

[1]. *Histoire des États-Unis*, t. III, p. 283.

îles neutres, de Sainte-Lucie et de Tabago notamment, de Minorque enfin. La France devait en outre démolir Dunkerque, et l'Angleterre conservait le droit d'assister Frédéric de Prusse. Accéder à de telles conditions, c'était se déshonorer soi-même et déshonorer son pays. Malgré ses défauts et les difficultés de sa position ministérielle, le duc de Choiseul avait l'âme trop française pour hésiter un seul instant. Que le roi signe, s'il le veut, ce traité, répondit-il avec indignation à l'envoyé anglais, lord Stanley : ma signature n'y figurera jamais. Et réclamant le droit de la France que Pitt repoussait dédaigneusement, d'intervenir, du consentement de l'Espagne, dans les affaires de la Péninsule, il fit connaître ses contre-propositions. Mais il n'attendait point la paix, aussi longtemps que Pitt continuerait de diriger la politique anglaise, et il ne se trompait pas. Pitt, en effet, malgré l'opposition d'une grande partie de ses collègues, notamment du duc de Bedford, malgré le vif déplaisir de George III, rejeta péremptoirement les contre-propositions françaises, et menaça d'en appeler aux armes. Le 15 août, jour même de l'arrivée de son *ultimatum*, le duc de Choiseul concluait avec l'Espagne le fameux traité connu sous le nom de pacte de Famille. En vertu de ce traité, la France et l'Espagne s'engageaient, à partir de la terminaison des hostilités pendantes, à ne plus séparer leur cause l'une de l'autre, soit en temps de paix, soit en temps de guerre. Par une convention complémentaire, datée du même jour, l'Espagne devait déclarer la guerre à l'Angleterre, au cas, qui paraissait très-probable, où la paix n'aurait pas été conclue entre la France et l'Angleterre avant le 1er mai de l'année 1762. Les puissances signataires convenaient de faire alors appel au Portugal, à la Savoie, au Danemark et à la Hollande; en un mot, aux puissances intéressées à la liberté des mers et au respect du droit des neutres.

Le 13 septembre, cependant, Choiseul tentait un dernier effort pacifique : il faisait de larges concessions. Pitt, qui n'ignorait pas cependant les engagements de l'Espagne, les accueillit avec un dédain suprême. Il déclara même nettement que ses premières propositions n'avaient pas été l'œuvre de sa seule volonté. Ces propositions que la France trouvait trop dures, une grande partie de la nation anglaise les trouvait trop favorables, et, s'il eût été libre dans sa rédaction, on s'en serait aperçu à Versailles. A la demande de régler le privilége des sujets britanniques de couper des bois de construction dans la baie de Honduras, il résolut de répondre par le rappel de l'ambassadeur anglais à Madrid, et par l'ordre de prendre la Martinique, Panama et les Philippines. Son ambition s'exaltait, et méditait le dessein de remanier le monde au profit de sa propre gloire et de la grandeur

de son pays. « Il se préparait, dit Grattan, à écraser
» d'une main tous les Bourbons, et de l'autre à gou-
» verner la démocratie anglaise. »

Agitée dans deux réunions du conseil des ministres, traitée de téméraire et de mal avisée par lord Bute, froidement accueillie par les autres, la mesure du rappel de lord Bristol était restée indécise. A une troisième réunion, le concert s'était fait entre tous les collègues de Pitt, son beau-frère Temple excepté. « Mordu au cœur par l'opposition de cette oligarchie
» réunie, Pitt rappela la manière dont il était entré
» dans le cabinet et le but qu'il y avait vigoureuse-
» ment poursuivi. Rassemblant toute sa hauteur dans
» le défi à l'aristocratie, et dans cet appel de sa déci-
» sion au pays que son inspiration et son influence
» avaient relevé de la honte : Le moment est venu, s'é-
» cria-t-il, d'humilier toute la maison de Bourbon. Si
» je ne puis prévaloir en cette circonstance, c'est la
» dernière fois que je siége en ce conseil. Appelé au
» ministère par la voix du peuple, auquel je dois
» compte de tous mes actes, je ne demeurerai pas
» dans une situation qui fait peser sur moi la respon-
» sabilité de mesures dont je n'ai plus la direction. —
» Si le très-honorable gentleman, répliqua Granville,
» a résolu de prendre le droit de diriger les affaires
» de la guerre, à quelle fin sommes-nous appelés à ce
» conseil? Quand il parle de sa responsabilité devant

» le peuple, il tient le langage propre à la chambre
» des Communes; il oublie que, dans cette réunion, il
» n'est responsable que devant le roi [1]. »

Pitt avait avisé Georges III par écrit du résultat de
ce dernier conseil. Il n'en reçut pas de réponse. Il se
décida alors à la retraite, et, le 5 octobre, il se rendait
dans ce dessein chez le roi. Espérait-il que le souvenir des grands services qu'il avait rendus à son pays,
de son habileté consommée dans le maniement des affaires, de son éloquence sans rivale et de sa popularité, l'emporterait sur la haine de ses ennemis, dans
l'âme d'un prince que sa jeunesse laissait accessible à
d'autres sentiments que les calculs de la froide politique? Ce secret est resté entre lui et Dieu. « Le roi re-
» çut les sceaux avec aisance et fermeté, sans deman-
» der à Pitt de reprendre son poste. Il manifesta tou-
» tefois du regret de perdre un ministre de cette
» valeur, loua ses services passés et lui fit des offres
» illimitées de récompense. En même temps, il se
» montra satisfait de l'opinion de la majorité de son
» conseil, déclarant qu'il se serait trouvé fort embar-
» rassé sur la marche à suivre si le conseil avait mis
» à soutenir la mesure proposée l'unanimité qu'il avait
» mise à la rejeter. Le grand *commoner* commença une
» réponse; mais l'application anxieuse et incessante

---

[1]. *Histoire des Etats-Unis*, t. III, p. 289.

» qu'avaient exigée ses fonctions de premier ministre,
» jointe aux attaques réitérées et prochainement fa-
» tales d'une maladie héréditaire, avait déjà complé-
» tement détruit sa constitution : tout son système
» nerveux était ébranlé. — Sire, dit-il, je confesse
» que je n'avais que trop de raisons d'attendre le dé-
» plaisir de Votre Majesté. Je n'étais pas venu ici pré-
» paré à cette excessive bonté. Pardonnez-moi, Sire,
» elle m'écrase, elle m'oppresse. — Et l'homme dont
» l'éloquence et le génie avaient rétabli les affaires
» de son pays, l'élevant à un degré jusqu'alors in-
» connu de puissance, de grandeur territoriale et
» d'orgueilleuse confiance en lui-même, fondit en lar-
» mes. Le lendemain, le roi parut impatient de lui
» donner quelque marque de faveur; et, comme la
» conquête du Canada était le fruit de l'habileté et de
» la fermeté de Pitt, il lui en offrit le gouvernement,
» avec des émoluments de 5,000 livres sterling
» (125,000 fr.). Mais Pitt avait une noble nature, et
» son cœur débordait d'une fervente affection pour sa
» famille. — Je serais doublement heureux, avoua-t-il,
» si ces marques de l'approbation du roi et de sa
» bonté s'adressaient à ceux qui me sont plus chers
» que moi-même. Une pairie fut, en conséquence,
» conférée à lady Esther, sa femme, avec une dotation
» annuelle de 3,000 livres sterling, à prendre sur les
» droits de plantation, payable pendant sa vie, celle

» de son mari et de son fils aîné. Ces marques de l'ap-
» probation royale, bien faibles en comparaison des
» mérites de Pitt, si même ces mérites ne le plaçaient
» au-dessus de toute récompense, furent reçues avec
» vénération, gratitude et le tribut d'un cœur pro-
» fondément touché[1]. »

Dès la démission de Pitt, les négociations pour la paix se rouvrirent. Fuentès, l'ambassadeur espagnol à Londres, invita Choiseul à les reprendre sur la base de ses dernières propositions. Le ministre français objecta qu'il lui faudrait avoir affaire à un second Pitt pour traiter sur de telles bases; que la guerre était le seul parti qui lui restât ouvert, et qu'avec du temps, de la patience et de la fermeté, il pouvait espérer un succès définitif. L'Espagne aussi tenait un langage de plus en plus ferme, et se préparait à prendre les armes. La déclaration de guerre eut lieu dans les premiers jours de janvier 1762. Dans le but de détacher l'impératrice Marie-Thérèse de l'alliance française, l'Angleterre lui faisait faire des offres secrètes de compensations en Italie, qui furent rejetées par Kaunitz comme illusoires et injurieuses pour l'Autriche. Le négociateur de cette intrigue, sir Joseph York, avait même insinué qu'une offre de la Silésie, de la part de la Prusse, amènerait bien plus sûrement les choses à

1. *Histoire des États-Unis*, t. III, p. 289-290.

conclusion. Ce fut l'origine d'une machination bien plus honteuse encore en elle-même et par ses résultats. Lord Bute laissa comprendre à l'ambassadeur russe à Londres, le prince Galitzin, que l'Angleterre prêterait volontiers la main, au détriment de la Prusse, à un agrandissement de la Russie, dont les armées occupaient alors une partie des États de Frédéric. Indigné, le jeune czar, Pierre III, transmit la dépêche de Galitzin à Frédéric lui-même, lui rendit ses territoires conquis, lui garantit la Silésie et lui envoya même un corps de troupes russes. L'occasion était belle de ne plus fournir à Frédéric le subside qui pesait à George III. Il fut continué pourtant, ou plutôt promis, mais à la condition qu'il s'en servirait pour activer la paix et non pour perpétuer la guerre. C'est à cette occasion que Frédéric tint ce propos méprisant : « Cet Anglais » (lord Bute), croit, en vérité, qu'avec de l'argent on » fait tout, et que l'Angleterre est seule à en » avoir. »

Les armes de la Grande-Bretagne réussissaient mieux que sa diplomatie (1762). La Martinique se rendait à une escadre anglaise, après une défense de trente-six jours. La Grenade, Sainte-Lucie et Saint-Vincent succombaient peu après. Une expédition se préparait contre la Havane, qui avait, pour se défendre, une garnison de quatre mille six cents hommes et de bonnes fortifications. Lord Albemarle, et l'amiral Pococke, connu par ses succès dans les mers de l'Inde, l'investirent avec onze mille hommes de troupe, renforcés de deux mille cinq cents nègres de la Jamaïque et des îles Sous-le-Vent. Le 30 juillet, les Anglais emportaient d'assaut le fort Moro, et le 11 août la Havane capitulait. Neuf vaisseaux de ligne, cinq frégates, un butin de plus de 50 millions tombaient aux mains des vainqueurs.

Au mois de septembre, le duc de Bedford était parti pour la France, muni de pleins pouvoirs pour négocier la paix. « La meilleure dépêche que je puisse re-
» cevoir de vous, lui écrivait George III, sera l'annonce
» de la signature des préliminaires. Puis se la Provi-
» dence, par compassion de la misère humaine, vous
» fournir les moyens de mener à bonne fin cette œuvre
» grande et noble ! Rare exemple de modération dont
» l'histoire doit soigneusement conserver le souvenir.
» Les termes proposés à la France étaient durs, hu-
» miliants même. Mais que pouvons-nous faire ! disait
» Choiseul, qui, ministre de la guerre, avait remis le
» département des affaires étrangères au duc de Pras-
» lin. Les Anglais sont terriblement impératifs. Le
» succès les a enivrés, et nous ne sommes malheureu-
» sement pas en situation d'abattre leur orgueil. Il
» fallut céder à la nécessité, et, le 3 novembre 1762,
» la France et l'Espagne d'une part, l'Angleterre et
» le Portugal de l'autre, signèrent les préliminaires

» du traité de Paris, si important pour l'Amérique[1]. »

Les ratifications du traité s'échangèrent le 10 février 1763. La France cédait à l'Angleterre l'Acadie, le cap Breton et les îles qui en dépendent, tout le Canada, la Louisiane jusqu'au Mississipi, à l'exception de l'île de la Nouvelle-Orléans, les pêcheries de Terre-Neuve, où la France conservait toutefois un droit, avec les îlots de Saint-Pierre et de Miquelon, comme abris pour ses navires; les îles de la Grenade, de Sainte-Lucie, Saint-Vincent et Tabago; en Afrique, Gorée. L'Espagne reprenait la Havane, mais elle abandonnait les Florides, et la France l'indemnisait de cette perte par la cession de la Nouvelle-Orléans et de la Louisiane, à l'ouest du Mississipi. De cet empire de l'Inde que Dupleix et La Bourdonnaye avaient un instant édifié, il ne nous resta que deux ou trois établissements insignifiants, les seuls que nous possédions encore aujourd'hui.

L'année 1763 marque le moment du plus grand déclin de la France et celui de la plus haute fortune de l'Angleterre. Pitt, dans sa retraite, dut se réjouir de l'abaissement profond de la maison de Bourbon et de l'annexion définitive de la Nouvelle-France aux possessions britanniques. S'il eût pu lire dans l'avenir, la joie de son triomphe se fût changée en une grande amertume. Il eût vu, à vingt ans de distance, ces co-

---

1. *Histoire des États-Unis*, t. III, p. 318.

lonies rompre leurs liens avec la mère patrie, et s'ériger en un État indépendant, qui est aujourd'hui le rival redoutable de l'Angleterre, sur les mers, dans le commerce et dans l'industrie. Il eût vu le comte de Rochambeau et le marquis de Lafayette venger sur Cornwalis la défaite héroïque de Montcalm; Suffren promener triomphant le pavillon de la France dans les mers de l'Inde, habituées à ne porter que les vaisseaux anglais; le traité de Versailles relever enfin la France des humiliations du traité de 1763.

« La loi des nations chrétiennes, a dit le R. P. Lacordaire, est de ne pas permettre le retour dans le monde d'une domination unique comme au temps de l'empire romain. C'est pourquoi ce qui, dans l'Europe régénérée, a tendu à cette ambition démesurée, a toujours rencontré un obstacle insurmontable. Charlemagne a lui-même divisé sa succession; les papes ont heureusement combattu le développement exagéré du saint empire romain. La France, pendant un siècle et demi, de Charles-Quint au traité de Westphalie, a travaillé à l'abaissement de la maison d'Autriche, héritière des deux mondes. L'Europe s'est coalisée contre Louis XIV, et elle a jeté bas Napoléon [1]. » Mais les leçons de l'histoire ont-elles jamais profité aux grands ambitieux, ministres ou sol-

---

[1]. Lacordaire : *Lettres à des jeunes gens.*

dats? La passion de Pitt lui cachait 1783, comme celle de Napoléon 1815. Autour de lui, quelques hommes moins importants se montraient plus clairvoyants. J'ai déjà cité les paroles prophétiques de William Burke et de cet écrivain suédois, Pierre Kalm, qui se trouvait à New-York l'année même de la signature du traité d'Aix-la-Chapelle. Le duc de Choiseul s'étonnait, près de lord Stanley, de l'insistance que mettait Pitt à acquérir le Canada. « Il ne voit pas, » disait l'homme d'État français, » qu'entre nos mains le Canada sert à » maintenir ces colonies dans une dépendance dont elles » sortiront dès sa cession. » L'Américain John Adams avait lié de bonne heure dans son esprit l'expulsion « des turbulents Français » à la grandeur de son pays. Lord Mansfield avait coutume de dire que, depuis la paix de Paris, les colonies lui avaient semblé méditer un État d'indépendance nationale. Quand M. de Vergennes, alors ambassadeur de France à Constantinople, apprit la paix, il s'ouvrit dans le même sens à un voyageur anglais. « L'Angleterre ne » tardera pas à se repentir d'avoir enlevé le dernier » obstacle qui pût tenir ses colonies en respect. Elles » n'ont plus besoin désormais de sa protection. Quand » elle leur demandera de concourir aux charges qu'elle » s'est imposées pour leur défense, les colonies répon- » dront à cet appel en rejetant toute dépendance. »

Le pronostic était juste, et il n'était pas besoin de

toute la sagacité de M. de Vergennes pour entrevoir un résultat que devaient forcément amener les errements du gouvernement anglais et les conditions nouvelles faites par la paix aux colonies. Le parlement avait toujours tendu à taxer l'Amérique, et il ne s'était arrêté que devant l'énergique résistance des colons à la violation d'un droit qu'ils tenaient pour essentiel, celui de s'imposer par eux-mêmes et pour eux-mêmes. Mais la guerre de sept ans avait plus que doublé la dette nationale de l'Angleterre. Elle n'était pas, en 1763, moindre de quatre milliards, dont une partie employée pour la conquête de l'Ohio et celle du Canada, origine et but final de la guerre. L'idée de tirer de l'Amérique un revenu récupérateur revint plus fixe et plus impérieuse à George III et à ses ministres, idée impolitique, sans doute, et dont l'expérience du passé montrait le danger, mais justifiable cependant dans une certaine mesure. Les doléances des Américains, leurs appels réitérés et pressants à la protection de la mère patrie n'avaient-ils donc pas en quelque sorte provoqué la dernière guerre? Le grand grief des Américains, la grande iniquité à leur égard, c'était le pacte colonial; c'était le monopole que s'arrogeait l'Angleterre sur leur commerce, leur industrie et leur approvisionnement même, monopole de plus en plus écrasant depuis le premier acte de navigation, et qu'en 1765 le parlement britannique se proposait d'alourdir encore.

C'est le 6 janvier de cette année que Granville présenta au comité des voies et moyens le célèbre acte de timbre (stamp-act), qui, avec les actes de droits de douanes, sur le thé notamment, a eu tant d'influence sur la révolution américaine. Je n'ai pas à entrer ici dans les détails des débats orageux et mémorables que suscitèrent ces actes. Ceux qu'intéresse l'histoire parlementaire de nos voisins, si pleine d'enseignements, peuvent les trouver dans le livre de M. Bancroft, ou dans l'*Histoire*, excellente aussi, de lord Mahon. La seule annonce du projet ministériel avait soulevé la colère des Américains. « Ce n'est plus le moment d'hé-
» siter. Nous voulons être traités comme les Anglais,
» non en vertu d'une charte, mais par droit de nais-
» sance, » s'était écrié Samuel Adams, de Boston, puritain austère et patriote ardent, un de ces hommes qui possèdent le secret redoutable de soulever par leur parole les colères publiques. On s'engagea, de toutes parts, à ne pas faire usage des objets manufacturés de provenance anglaise; on alla même jusqu'à s'interdire les vêtements de deuil. Les habitants de Boston résolurent de ne plus manger de mouton, afin d'augmenter la production de la laine.

Jared Ingersoll, de New-Haven, avait été longtemps agent du Connecticut en Angleterre. Revenu dans son pays natal, comme directeur général du timbre, il se disculpait d'avoir accepté ce poste, en disant : « Ne

» vaut-il pas mieux que les droits soient perçus par
» vos frères que par des étrangers? » « Non, en vé-
» rité, vil mécréant, lui répondait Dagett, de New-
» Haven. Si votre père devait mourir, votre piété
» filiale s'accommoderait-elle donc de vous voir deve-
» nir son exécuteur, et recevoir ensuite le salaire du
» bourreau? Si la ruine de votre pays est décrétée,
» n'encourez-vous aucun blâme en prenant part à ses
» dépouilles? » Quelques jours plus tard, ses compatriotes le forçaient à résigner son emploi. Les habitants de Boston pendaient en effigie, à la cime d'un orme de haute taille, appelé le Grand-Turc, leur receveur Ollivier, en compagnie des ministres Bute et Granville. Ils brûlaient ensuite les registres de la cour de vice-amirauté, d'odieuse mémoire, et saccageaient la demeure du contrôleur des douanes et celle du chef de justice (chief of justice), Hutchinson, qui avait à peine le temps de s'échapper avec sa famille[1].

Ces scènes préludaient, dans la même ville de Boston, à celles de décembre 1773. Le 6 de ce mois, une cinquantaine d'hommes, déguisés en Indiens, se rendaient au quai Griffin, s'emparaient de trois bâtiments chargés de thé, qui s'y trouvaient mouillés, jetaient pardessus bord trois cent quarante caisses de thé, et se retiraient sans toucher à aucune autre marchandise.

---

1. *Histoire des États-Unis*, t. IV, p. 217 et suiv.

Déjà une rixe, où le sang eût coulé sans l'intervention éloquente d'un ministre de l'Église, s'était engagée à Salem entre la population et les soldats du général Gage, chargés de s'emparer d'un dépôt d'armes. Dix-huit mois plus tard, en 1775, les milices américaines remportaient, à Lexington, leur première victoire sur les troupes royales. Mais bientôt après elles étaient battues à Bunker-Hill, après une lutte des plus héroïques, et des plus meurtrières pour l'armée anglaise, de l'aveu même de son général en chef. Enfin, le 4 juillet 1776, les représentants des treize colonies anglaises de New-Hampshire, Massachusetts, Rhode-Island, Connecticut, New-York, New-Jersey, Pensylvanie, Dalaware, Maryland, Virginie, des deux Carolines et de la Géorgie, réunis en congrès général, énonçaient ainsi leurs griefs contre la mère patrie : dépendance des juges et jugement sans jury, établissement d'une armée permanente, impositions arbitraires, violation des chartes et des libertés locales; gouvernement militaire, monopole du commerce, etc.

« C'est pourquoi, concluaient-ils, nous, représen-
» tants des États-Unis d'Amérique, assemblés en con-
» grès général, prenant le juge suprême du monde à
» témoin de la droiture de nos intentions, nous décla-
» rons et publions solennellement, au nom et de par
» l'autorité du bon peuple de ces colonies réunies,
» qu'elles sont et de droit doivent être des ÉTATS LIBRES

» ET INDÉPENDANTS ; qu'elles sont dégagées de toute
» allégeance envers la couronne britannique; que tout
» lien politique entre elles et la Grande-Bretagne est
» et doit être entièrement rompu; qu'en tant qu'États
» libres et indépendants, elles ont plein pouvoir de
» faire la guerre, conclure la paix, contracter des
» alliances, faire le commerce, et faire tous autres
» actes et choses que les États indépendants ont le
» droit de faire. Et, fermement confiants dans la pro-
» tection de la DIVINE PROVIDENCE, nous nous enga-
» geons mutuellement à soutenir cette déclaration
» de notre vie, de nos fortunes et de notre honneur
» sacré. »

C'est *la déclaration* d'indépendance des États-Unis, conséquence logique et prévue de la ruine des établissements français dans l'Amérique du Nord.

NOTE

LES INSTITUTIONS DU CANADA

SOUS LA DOMINATION FRANÇAISE

Gouverneur. — La commission délivrée en 1598, par Henri IV au marquis de La Roche, nommé « gouverneur » de Norimberie, Hochelaga, Labrador et Canada, » portait « que son autorité s'étendrait sur tous les gens de » terre et de mer; qu'il pourrait faire la guerre, bâtir » des forts, punir et faire grâce; concéder des fiefs, terres, » seigneuries, châtellenies, comtés, vicomtés, baronnies » et autres dignités relevant du roi; que tous gentils- » hommes, marchands et autres, ne pourraient exercer » le commerce sans sa permission, sous peine de confis- » cation des marchandises[1]. »

Intendants. — Le régime social et politique de la Nouvelle-France fut donc, dès l'origine, féodal et militaire, son gouvernement absolu. Plus tard la royauté reprit pour elle-même quelques-uns des pouvoirs, tels que le droit de paix et de guerre, la construction des forteresses,

---

1. Charlevoix : *Histoire de la Nouvelle-France*, t. I.

la législation commerciale qui avaient été primitivement délégués aux gouverneurs généraux. La création des intendants de marine, police et finances vint encore restreindre leur autorité. Les colonies furent placées sous la haute administration et la tutelle de la métropole. L'intendant présidait, au Canada, le conseil souverain, dont je parlerai tout à l'heure; il rendait la justice; il instituait les notaires, les procureurs et les huissiers. Les gouverneurs généraux souffraient avec impatience cette prérogative et ce partage de pouvoir. Mais Louis XIV les maintint avec fermeté. Ainsi on le voit se plaindre, en 1675, de ce que le comte de Frontenac, gouverneur de la Nouvelle-France, cherchait à retirer à l'intendant le droit de prononcer les arrêts. Par lettre du 11 juin 1680, il défend à M. de Blénac, gouverneur général des Antilles, de s'immiscer dans les affaires litigieuses, « à moins que » les parties n'y consentent et ne l'en prient. » « Vous ne » devez jamais, lui mande-t-il encore, par une autre » dépêche à la même date, prendre connaissance des af- ». faires de finance. Ce soin regarde l'intendant auquel » vous devez donner toute l'assistance dont il aura besoin » pour l'établissement de mes fermes. » Il lui recommande enfin de maintenir entre lui et l'intendant Patoulet « la » bonne intelligence si nécessaire pour son service [1]. » La mesure prise en 1701, par M. de Champigny, intendant du Canada, qui établit un papier-monnaie colonial et lui donna cours forcé, prouve que les intendants sa-

---

1. Adrien Dessalles : *Hist. gén. des Antilles*, t. III, p. 231-233.

vaient user de tout leur pouvoir en matière de finances.

La métropole se réservait le monopole du commerce des colonies. Dans de rares circonstances, un édit du roi ou un arrêt du conseil d'État leur permettaient temporairement le commerce avec les colonies étrangères. Mais les détails du commerce intérieur relevaient de l'autorité directe du gouverneur général. En 1661, le baron d'Avaugour crut devoir permettre la liberté du commerce des eaux-de-vie avec les Peaux-Rouges. L'évêque de Québec, le Père Lallemand, les chefs et les anciens des bourgades, lui firent, mais en vain, des représentations contre le danger de cette mesure. L'affaire fut portée devant le roi qui, en 1662, donna raison aux réclamants.

Justice. — Jusqu'en 1663, la justice avait été rendue à peu près arbitrairement par le gouverneur. Il existait bien, dès 1640, un grand-sénéchal, juge d'épée, et une juridiction aux Trois-Rivières y ressortissant. Mais le grand-sénéchal était placé sous les ordres du gouverneur général. Celui-ci, dans les affaires importantes, se faisait assister d'un conseil composé du grand-sénéchal, du supérieur des jésuites de Québec et de notables habitants de la ville. Généralement, il ne rendait point d'arrêts, sans avoir épuisé les voies de l'arbitrage. D'Avaugour s'était fait particulièrement estimer par son esprit de conciliation et d'équité : « Quoique de race normande, » pour la plupart, dit Charlevoix, les colons du Canada » n'avaient pas l'esprit processif. Ils aimaient mieux » pour l'ordinaire céder quelque chose de leur bon droit » que de perdre le temps à plaider. Il semblait même que

» tous les biens fussent communs dans cette colonie :
» du moins, on fut assez longtemps sans rien fermer
» sous la clef, et il était inouï qu'on en abusât. Il est bien
» étrange et bien humiliant pour l'homme que les pré-
» cautions que prit un prince sage pour éloigner la chi-
» cane et faire régner la justice, aient, pour ainsi dire,
» marqué l'époque de la naissance de l'une et de l'éta-
» blissement de l'autre [1]. »

Conseil souverain. — En 1663, M. de Mésy remplaça le baron d'Avaugour. Le commissaire royal Gandais rendit plusieurs ordonnances sur l'organisation de la justice; et il en remit l'exercice à un conseil souverain. Ce conseil compta d'abord sept membres, le gouverneur général, l'intendant Robert, le vicaire-apostolique de Laval et quatre conseillers nommés par eux. Il y avait près du conseil un procureur général du roi et un greffier en chef. Trois juridictions subalternes furent établies en 1692 à Québec, aux Trois-Rivières et à Montréal; cette dernière appartenait aux missionnaires de Saint-Sulpice. En 1704, les fonctions de premier président furent dévolues à l'intendant, et quatre nouveaux membres, dont un ecclésiastique, complétèrent le conseil. Le premier conseiller, titre tout honorifique que décernait le conseil, touchait 800 livres par an; les cinq plus anciens conseillers, la moitié de cette somme; les autres ne recevaient point d'appointements. Les épices étaient interdites.

---

[1]. Charlevoix : *Hist. et description générale de la Nouvelle-France*, t. I, p. 167.

La justice se rendait selon les ordonnances du roi et la coutume de Paris. Le conseil souverain connaissait de toutes les causes soit civiles, soit criminelles. Il participait, administrativement, de l'autorité du gouverneur général et de l'intendant. Il devait être consulté dans toutes les affaires publiques d'importance, et parfois même sur la défense du pays. Il prenait, sur l'initiative de l'intendant ou du gouverneur général, des règlements de police. Mais, par suite de l'éloignement de la métropole, et de l'état de guerre presque incessant où vivaient les colonies, ces différents pouvoirs outrepassaient fréquemment leurs limites. Les gouverneurs et les intendants, quand ils n'étaient pas en compétition personnelle d'autorité, s'entendaient volontiers pour empiéter sur les attributions des conseils de justice. Ils s'arrogeaient le droit, notamment, de rendre seuls les ordonnances de police; ils troublaient l'ordre et la compétence des juridictions, faisaient emprisonner arbitrairement les colons, et renvoyaient de même en France les employés subalternes.

Anciens et chefs de bourgades. — Nous avons, à propos du baron d'Avaugour, parlé des chefs et des anciens de bourgade. Il ne faudrait pas chercher dans cette institution une ressemblance, même lointaine, avec les conseils de *Selectmen* des colonies anglo-américaines. Les attributions des chefs et des anciens de bourgade n'allaient guère au delà du droit de plainte et de représentation officielles auprès du gouverneur général. Ils pouvaient bien prendre, dans l'occurrence, à défaut de gouverneur particulier, ou d'un autre délégué royal, telles mesures que nécessitaient les cas imprévus ou périlleux ; mais ils ne jouissaient d'aucune autorité permanente. Leurs avis et leurs représentations mêmes ne pouvaient avoir grand poids sur les mesures et les décisions qui se prenaient, à titre général, à Québec, à une grande distance souvent des localités auxquelles ces mesures et ces décisions devaient s'appliquer.

Force armée. — A part les régiments que la France envoyait tenir garnison dans les principales villes et dans les postes militaires, le Canada n'avait pas de force armée régulièrement organisée.

En temps de guerre on faisait appel aux volontaires qui se présentaient toujours en foule : ils choisissaient eux-mêmes leurs chefs. Sur les frontières, chaque district devait pourvoir lui-même à l'organisation de sa défense, et le soin en était confié aux chefs et anciens de bourgades.

Clergé. — François de Laval, abbé de Montigny, évêque titulaire de Petrée, débarqua à Québec en 1659, avec le titre de vicaire-apostolique et d'évêque de la Nouvelle-France. Ce titre avait été proposé d'abord au père Le Jeune, qui avait objecté les constitutions de son ordre. Jusque-là, les jésuites avaient occupé les cures; François de Laval leur substitua des prêtres séculiers. « Pour le spirituel disait, quelques années plus tard, le » sieur de Grosbois, l'on ne peut rien désirer de plus; » car nous avons un évêque dont le zèle et la vertu sont » au delà de ce que j'en puis dire. Il est tout à tous; il se

» fait pauvre pour enrichir les pauvres et ressemble aux
» évêques de la primitive Église[1]. » Les curés étaient
d'abord amovibles, à la volonté de l'évêque, et parfois
des supérieurs du séminaire de Québec, qui relevaient
eux-mêmes des missions étrangères de Paris. Le roi leur
accorda plus tard l'inamovibilité, à l'exception cependant
du curé de Montréal qui resta dans l'ancienne situation.
En 1667, les dîmes ecclésiastiques furent fixées au vingt-
sixième. Elles étaient payables en grains, et les terres
non encore défrichées en étaient exemptées pour cinq
ans. Un édit royal, de mars 1679, disposa, qu'en cas
d'insuffisance de ces dîmes, il serait pourvu à l'entretien
du clergé, au moyen d'un impôt sur les seigneurs et habitants; le roi ayant accordé sur sa cassette une somme
annuelle de 7,200 livres, l'impôt ne fut pas levé. Ce don
fut porté ensuite à 9,200 livres : mais le roi se refusa
constamment à élever les dîmes au treizième. « Je vous
» avoue, écrivait-il en 1684, au gouverneur général de
» Labarre, que le principe sur lequel vous avez travaillé
» me paraît très-préjudiciable au bien de la colonie. Vous
» réglez la portion congrue d'un curé à 500 livres. Il y
» en a même à qui vous donnez davantage, dans un pays
» nouvellement peuplé d'habitants pauvres. Vous savez
» qu'en France, où l'on n'a pas les mêmes raisons, les
» portions congrues les plus fortes ne vont qu'à cent
» écus, et il y a un nombre infini de curés qui n'ont que

---

1. *Histoire véritable et naturelle des mœurs et des productions de la Nouvelle-France*, in-32, Paris, 1664.

» cent cinquante livres, et ne laissent pas de vivre et de
» remplir leurs fonctions [1]. »

Établissements charitables et d'instruction publique. — Dès 1635, René Rohault, fils aîné du marquis de Gamache, avait donné 6,000 écus d'or pour la fondation d'un collége à Québec. On y recevait, au témoignage de Charlevoix, une éducation au moins égale à celle des colléges de la métropole. On conçut l'année suivante, le projet d'y joindre un séminaire pour les jeunes sauvages. Tous les Hurons avaient promis d'y envoyer leurs enfants : trois ou quatre seulement consentirent à y amener leurs fils, et se mirent en route pour Québec; mais, aux Trois-Rivières, ils rebroussèrent route et regagnèrent leurs wigwams. Deux séminaires furent créés, l'un à Montréal en 1659, l'autre à Québec, trois années plus tard.

L'hôpital de Montréal date de la même année que son séminaire. Il dut sa fondation à Mme de Bullion, qui donna pour son compte 62,000 liv., et à M. de La Doversière, lieutenant général au présidial de la Flèche. Québec eut son tour en 1664. Les Ursulines s'y étaient établies dès 1639, et avaient entrepris, mais sans grand succès, l'éducation des filles sauvages. Marguerite Bourgeois et la communauté des filles de la Congrégation fondaient en même temps de nombreuses écoles à l'usage des enfants du sexe féminin.

Domination anglaise. — Le traité de 1763 ne contenait

---

1. Charlevoix : *Histoire et description*, etc., t. II, p. 92.

que deux conditions à l'abandon du Canada, le libre exercice de la religion catholique par les anciens sujets de la France, et la faculté pour eux, pendant dix-huit mois, de vendre leurs biens et de se transporter où ils voudraient. Dès 1764, l'Angleterre soumit le Canada à ses propres lois. Les réclamations des habitants, qui se plaignaient de l'incohérence de ces lois et refusaient même l'institution du jury, ne furent entendues que dix ans après par le cabinet anglais. Un bill fut voté, non sans opposition, qui rendait à la province de Québec la législation française mélangée de lois criminelles anglaises. Sous le coup de nos premières agitations révolutionnaires dont il redoutait l'effet sur une colonie en grande partie peuplée de Français, le parlement britannique décréta la séparation du Haut et du Bas-Canada, et accorda à ce dernier une charte coloniale, dont les nombreuses restrictions ne pouvaient réconcilier l'élément français avec la métropole.

En 1839, les deux Canadas ont été réunis, et leur constitution calquée sur celle de la Grande-Bretagne.

Notre ancienne colonie est à jamais perdue pour nous sans doute, mais il est permis de croire aussi qu'un jour ou l'autre elle échappera à la domination anglaise.

FIN.

TABLE DES MATIÈRES

Introduction.................................... pages i — xi

CHAPITRE PREMIER

PREMIER ÉTABLISSEMENT DES FRANÇAIS

Sommaire. — Découverte de l'Amérique. — Les Cabot. — Pêcheries de Terre-Neuve. — Verrazzani. — Découverte de la Caroline du Nord. — Les naturels et les Européens. — Jacques Cartier; le Canada et le Saint-Laurent. — Roberval : premiers colons. — La Floride : Villegagnon; Ribault; Dominique de Gourgues. — Marchands français. — De Monts. — Colonie des bords du Saint-Laurent. — Champlain.. .... pages 1 — 18

CHAPITRE II

LES MISSIONS ET LA COLONISATION

Sommaire. — Champlain et les premiers missionnaires. — Les Franciscains et les Jésuites. — Religion, mœurs et habitudes des aborigènes. — Progrès de l'évangélisation et de la colonisation. — Les PP. Brebeuf, Lallemand et Daniel. — Les Missionnaires chez les cinq nations. — Les PP. Dablon, Allouez et Marquette. pag. 19 — 51

CHAPITRE III

LA VALLÉE DU MISSISSIPI

SOMMAIRE. — Le Mississipi : sa première découverte, sa deuxième exploration ; Joliet et le P. Marquette. — Découverte de ses bouches : Robert de la Salle. — Premiers essais de colonisation : deuxième expédition de la Salle et sa mort.................. pages 55 — 78

CHAPITRE IV

PREMIÈRES LUTTES DE LA FRANCE AVEC L'ANGLETERRE ET SES COLONIES

SOMMAIRE. — Coup d'œil sur la colonisation anglaise. — Situation respective de la France avec l'Angleterre. — Causes, commencement et marche des hostilités : Frontenac. — Paix de Ryswick. — Neutralité des cinq nations. — Colonisation du Mississipi : les PP. Gravier, Mermet et Marest ; d'Yberville, Bienville et Le Sueur. — [Reprise des hostilités : cruautés des Indiens ; de Callières ; Vaudreuil. — Insuccès des Anglo-Américains. — Paix d'Utrecht et ses conséquences................................. pages 79 — 118

CHAPITRE V

LES PEAUX-ROUGES ET LA LOUISIANE

SOMMAIRE. — Résultats de la paix d'Utrecht. — Le P. Sébastien Rasles et les colons anglais. — Contestations quant aux frontières. — La Louisiane : Crouzat, Law et la compagnie du Mississipi. — Les émigrants de la *Victoire*; les Natchez ; massacre des Français et destruction des Natchez. — Les Chikasas : Bienville, d'Artaguette et de Vincennes. — État de la Louisiane en 1740. — État des colonies anglaises....................................... pages 119 — 144

CHAPITRE VI

LA TRAITE DES NOIRS ET LA GUERRE DE 1739

Sommaire. — L'esclavage et Las Casas. — Traite des noirs : ses développements; part qu'y prend l'Angleterre. — La guerre de l'Angleterre avec l'Espagne : ses causes. — La France y prend part : opérations militaires. — Paix d'Aix-la-Chapelle. — Maintien du *statu quo ante bellum* : motifs de l'Angleterre............ pages 145 — 158

CHAPITRE VII

PRÉLUDES DE LA GUERRE DE SEPT ANS. — LA VALLÉE DE L'OHIO

Sommaire. — Les alliances indiennes : lord Howard; Dinwiddie et les six nations; de la Barre. — La Galissonnière et Clinton. — Les Acadiens : projets du gouvernement anglais à leur égard. — Gist et la vallée de l'Ohio. — Premières hostilités : Washington et Jumonville.................................... pages 159 — 182

CHAPITRE VIII

LA GUERRE DE SEPT ANS. — PREMIÈRES CAMPAGNES

Sommaire. — Hésitations du cabinet anglais et dernières négociations. — Combat de la Mononghela et défaite de Braddock. — Transportation des Acadiens français. — Les Anglais courent sus aux bâtiments français. — Loudoun Abercrombie et Webb à la tête des Anglais. — Le marquis de Montcalm à la tête des Français. — Nullité et pusillanimité des uns. — Courage et talents de Montcalm. pages 183 — 200

CHAPITRE IX

LA GUERRE DE SEPT ANS. — CONQUÊTE DU CANADA

SOMMAIRE. — William Pitt au pouvoir. — Il pousse vigoureusement les opérations militaires en Amérique. — Amherst, Howe et Wolfe. — Siége et prise de Louisbourg. — Montcalm défait Abercrombie. — Investissement de Québec : bataille sous ses murs ; mort de Wolfe et de Montcalm. — Capitulation de Québec........ pages 201 — 222

CHAPITRE X

LA GUERRE DE SEPT ANS. — DERNIERS ÉVÉNEMENTS ET PAIX DE PARIS (1761-1763)

SOMMAIRE. — Tentative de reprendre Québec : son insuccès. — Rogers prend possession de la région des Grands-Lacs. — Mort de Georges II. — Georges III lui succède : il est disposé à la paix. — Pitt : sa haine des Bourbons et des Français : il se démet. — Choiseul : ses efforts pour une paix honorable ; il est contraint d'accepter celle de 1763. — Cession du Canada. — Les Français reparaissent en Amérique en 1776........................ pages 223 — 250

NOTE. — Les institutions du Canada sous la domination française................................. pages 251 — 259

FIN DE LA TABLE.

IMPRIMERIE L. TOINON ET Cⁱᵉ, A SAINT-GERMAIN.

LIBRAIRIE J. ALBANEL

15, RUE DE TOURNON, 15

EXTRAIT DU CATALOGUE

RELIGION, MORALE, PHILOSOPHIE, ÉCONOMIE SOCIALE

PETITE BIBLE POPULAIRE ILLUSTRÉE, ouvrage approuvé par plusieurs évêques, orné de 200 belles vignettes, traduction de M. l'abbé Bourquard, accompagné de deux lettres de Mgr Mermillod et du R. P. Félix. 1 vol. gr. in-18 jésus. . 1 25

LES ATELIERS DE PARIS, 1re et 2e partie. 2 vol. . . 2 »
Ouvrage populaire, scènes d'ateliers et réfutation des erreurs religieuses les plus répandues dans le peuple.

DEUX DISCOURS prononcés au congrès de Malines, par le R. P. Félix. Brochure in-8 25

MES DIFFICULTÉS, petits opuscules sur les obstacles à la pratique de la religion, par le R. P. de Damas, 23 vol. in-32. La collection 2 30

L'ÉCONOMIE SOCIALE DEVANT LE CHRISTIANISME, conférences de Notre-Dame en 1866, par le R. P. Félix, édit. pop. 1 vol. gr. in-18 jésus. 1

L'ÉGLISE, LA RÉFORME, LA PHILOSOPHIE ET LE SOCIALISME, au point de vue de la civilisation moderne, par Eugène Mahon de Monaghan. 3e édit. précédée de deux brefs du pape. 1 vol. gr. in-18 jésus. 1 25

FEMME (la) D'APRÈS SAINT JÉRÔME, par Raoul de Navery. 1 vol. gr. in-18 jésus. 1 25

JÉSUS-CHRIST ET LA CRITIQUE NOUVELLE, conférences de Notre-Dame en 1864, par le R. P. Félix, édit. pop. 1 volume gr. in-18 jésus. . . . . 1 »

La parole et le livre, discours du R. P. Félix. Broch.　» 25
Du Pape, par le comte J. de Maistre. 1 v. gr. in-18 jésus.　1 25
La passion de N. S. J.-C., mise en vers par M. H. de Guinaumont.
　1 vol. in-18 . . . .　» 25
Rome et la civilisation, influence de l'Église sur le développement matériel, intellectuel et moral du monde, d'après les historiens protestants et philosophes, par M. B. Mahon de Monaghan, précédé d'une lettre du R. P. Félix. 1 volume gr. in-18 jésus . . . .　1 25
L'art devant le Christianisme, conférences de Notre-Dame en 1867, par le R. P. Félix. 1 vol. gr. in-18 jésus. .　1 »
Les Œuvres de charité a paris, par Mlle Julie Gouraud, ouvr. pop. 1 vol. gr. in-18 jésus . . . .　1 »

HISTOIRE, BIOGRAPHIE

Éléonore d'Autriche, reine de Pologne, par Mme la comtesse de Charpin-Feugerolles, née de Saint-Priest. 1 volume gr. in-18 jésus . . . .　» 80
Une Famille au XVIe siècle, document original publié par M. C. de Ribbe, avec une introduction et une lettre du R. P. Félix. Tableau naïf et fidèle d'une de ces familles d'autrefois, si honorables, si chrétiennes et si saintes, parvenue à la noblesse sans actions d'éclat, par le seul mérite de ses traditions d'honneur et de vertu. Vrai bijou littéraire en typographie. 1 vol. gr. in-18 jésus (elzevir). . . . .　1 »
Histoire de la Compagnie de Jésus, par M. Daurignac. 2 vol. in-12. . . . .　1 40
Histoire de sainte Radegonde, par M. le vicomte de Bussière, 2e édition. 1 vol. gr. in-18 jésus . . . . . .　1 »
Madagascar et le roi Radama II, par le R. P. Henri de Régnon, procureur des Missions de Madagascar et du Maduré. 1 vol. gr. in-18 jésus. . . . .　1 25
Mademoiselle de Foix et sa Correspondance, par M. de Pontchevron. Récit de l'existence d'une femme de haut rang du XVIIe siècle, devenue une sainte au milieu du monde dont elle fut l'édification. Sa correspondance est très-remarquable. 1 vol. gr. in-18 jésus. . . . .　1 »

Sœur Marie d'Agreda et Philippe IV, roi d'Espagne, traduction d'un manuscrit espagnol de la Bibliothèque impériale, par Germond de Lavigne. Remarquable pour les conseils éclairés que donne la modeste et sage religieuse. Quelques mots ne permettent pas que ce livre soit lu tout entier par une jeune personne. 1 vol. gr. in-18 jésus. . . . . . » 90

Souvenirs religieux et militaires de la Crimée, par le R. P. de Damas. 1 vol. gr. in-18 jésus. . . . . 1 »

Vie du R. P. Chomé, de la Compagnie de Jésus, missionnaire au Paraguay. 1 vol. in-12. . . . . » 45

SCIENCES

Les Astres, ou Notions d'astronomie à l'usage de tous. Edition populaire avec gravures sur bois. 1 v. gr. in-18 jésus.   1 25

LITTÉRATURE, MÉLANGES

La chanson de Roland, par M. le baron d'Avril. Ouvrage très-remarquable et très-savant. 1 vol. gr. in-18 jésus   1 »

Ginevra ou le Manoir de Grantley, roman par lady Fullerton, traduit de l'anglais par Mme Rousseau. 1 volume gr. in-18 jésus. 1 25

Les lingots d'argent, par Mendoza de Vivès, roman traduit de l'espagnol par M. J. Turck. 1 vol. gr. in-18 jésus .   » 80

La marquise de Thérange, par Mme la comtesse Olympe de Lernay. Roman fort remarquable, écrit par une sainte personne qui a reproduit, sous les traits de son héroïne, les détails touchants de sa vie édifiante, véritable apostolat dans le monde. Quelques scènes trop vraies, tirées des passions humaines, ne permettent pas de placer ce livre dans les mains des jeunes personnes. 2 vol. gr. in-18 jésus. . . .   2 50

Meilleurs (les) proverbes français et étrangers. 1 volume gr. in-18 jésus. . . . .   » 80

Le rameur de galères, épisode de la vie de saint Vincent

de Paul, roman édifiant, par Raoul de Navery. 1 volume gr. in-18 jésus 1 25
RIEN N'EST PARFAIT ICI-BAS, série de charmantes nouvelles écrites par Fernan Caballero et traduites de l'espagnol par Mlle Recurt. 1 vol. gr. in-18 jésus 1 20
LES FRANÇAIS EN AMÉRIQUE, LE CANADA, par M. de Fontpertuis. 1 vol. gr. in-18 . . . . 1 »
ÉTUDE DE LA DOCTRINE CATHOLIQUE DANS LE CONCILE DE TRENTE, conférences prêchées à Genève par le R. P. Nampon. 2 vol. gr. in-18. . . . . 2 50
ÉTUDES PRATIQUES DE STYLE MUSICAL, par M. Stéphen de la Madelaine. 2 vol. gr. in-18. . . . . 2 50
LÉGENDES DES ATELIERS DE PARIS, par M. A. Leprévost, ouvrage de propagande populaire. 1 vol. gr. in-18 jésus . . 1 »
HISTOIRE DE LA CONQUÊTE DU MEXIQUE, traduite de l'espagnol par M. de Toulza. Ouvrage remarquable. 2 vol. gr. in-18 jésus. 2 50

LES FLEURS MYSTÉRIEUSES, par MÉRY. 1 v. gr. in-18 jésus. 1 50
QUELQUES PETITS RIENS, par ROSARIO. 1 vol. gr. in-18 jésus, orné de *quatre eaux-fortes*. 1 50

COURS D'HISTOIRE A. M. D. G.
A L'USAGE DE LA JEUNESSE
REVU, CORRIGÉ ET COMPLÉTÉ
Par le R. P. F. GAZEAU
DE LA COMPAGNIE DE JÉSUS

EN VENTE

HISTOIRE SAINTE. 1 vol. in-18 orné de trois cartes géographiques dressées pour ce volume par BINETEAU, géograp. Cart. » 70
HISTOIRE ECCLÉSIASTIQUE. 1 vol. in-18 orné de trois cartes géographiques dressées pour ce volume, par le même. Cart. » 70
HISTOIRE DE FRANCE, depuis les origines jusqu'à nos jours, 2 volumes in-18 ornés de *six* cartes géographiques coloriées, dressées pour l'ouvrage, par BINETEAU, géographe. 3 50

Imprimerie L. TOINON et Ce à Saint-Germain.

www.ingramcontent.com/pod-product-compliance
Lightning Source LLC
Chambersburg PA
CBHW070755170426
43200CB00007B/795